KB064703

마녀 재테크

남편 기 살려 주는 쩐모양처 따라잡기

마녀 재테크

지은이   박미향
펴낸이   박상란
1판 1쇄   2014년 2월 10일

펴낸곳   피톤치드
교정교열   신은진   **본문디자인** 황지은   **일러스트** 송진욱
경영·마케팅 박병기
출판등록   제 387-2013-000029호
등록번호   130-92-85998
주 소   경기도 부천시 원미구 수도로 66번길 9, C-301호(삼성쉐르빌)
전 화   070-7362-3488
팩 스   0303-3449-0319
이메일   phytonbook@naver.com
블로그   http://greentree319.blog.me
I S B N   979-11-951589-0-4 03320

이 도서의 국립중앙도서관 출판시도서목록(CIP)은 서지정보유통지원시스템 홈페이지(http://seoji.
nl.go.kr)와 국가자료공동목록시스템(http://www.nl.go.kr/kolisnet)에서 이용하실 수 있습니다.
(CIP제어번호: CIP2014001407)

※ 가격은 뒷표지에 있습니다.
※ 잘못된 책은 구입하신 서점에서 바꾸어 드립니다.

남편 기 살려주는 쩐 모양처 따라잡기

마녀 재테크

● **박미향** 지음

피톤치드

지난 10여 년 우리 사회는 재테크 열풍이었다. 그 열풍이 휩쓸고 지나간 지금, 우리에게 남은 것은 무엇인가? 정말 살림살이가 나아졌을까? 요즘 연일 신문과 방송에서는 가계 부채 1천조 시대, GDP 성장률보다 빠르게 증가하는 빚 증가율 등을 이야기하고 있다. 재테크란 이름으로 부동산과 주식, 펀드에 뛰어들었지만 결국 빚내서 그 열풍의 끝자락에 올라 탄 사람들은 기대 이하의 수익률과 과도한 빚으로 고통 받고 있다. 이런 상황에서 또다시 재테크 서적을 낸다는 것이 무슨 의미가 있을까? 이런 의구심으로 저자의 책을 꼼꼼히 읽어 보았다. 그런데 한 가지 다른 점이 눈에 띄었다. 지금까지의 재테크는 주로 투자 대상에 대한 것이 중심이었다면 이 책에서의 재테크는 그 주체인 우리 자신, 특히 가정경제의 한 축인 '아내'의 중요성을 강조한다는 점이다.

저자는 '아내'에게 가정경제에 대해 눈을 뜨라고 요구한다. '쩐모양처'가 되라고 한다. 쩐모양처는 저자가 가정경제의 CEO로서 아내(엄마)의 역할을 강조하면서 붙인 별명이다.

책에서는 쩐모양처의 첫 번째 역할을 부부간 재무 대화로 삼는다. 두 번째로는 금융 문맹에서 벗어날 것을 주문한다. 그런데 그것이 주식, 부동산에 대한 화려한 지식을 쌓으라는 것이 아니라 나와 우리 가정의 소득을 계획적으로 지출하는 습관 점검을 의미하는 것이다. 철저히 관심을 재테크의 주체 내부로 돌린 것이다. 또한 훌륭한 재무 상담사를 옆에 두고 전문적인 지식을 채워가라고 조언한다. 이제 시대가 복잡해서 내가 공부해서 모든 것을 해결할 수 없으니 전문가의 도움을 받으라는 것이다. 마지막으로 아내(엄마)가 직접 나서서 가정의 재무 설계를 해 보도록 대안을 제시한다.

어찌 보면 간단하다. 특히 재테크 서적에서 자주 보이는 돈 버는 비법(?) 따위를 나열하지 않아서 더욱 싱거워 보인다. 하지만 저자는 차분하게 설명한다. 재테크는 가정의 건전한 재무 습관을 철저히 만들어 가는 것이라고. 저자는 돈이 모이지 않는 것은 많이 벌지 못하거나 투자 수익을 올리지 못해서가 아니라 벌어들이는 일정한 소득 안에서 지출하고 저축하는 습관을 들이지 못하기 때문이라고 본다. 특히 건전한 재무 습관은 미래에 대한 가정의 재무 목표를 분명히 세움으로써 강력한 실천 의지가 생긴다고 보고 있다.

저자의 다양한 상담 경험에서 나온 노하우를 배워 재무 습관을 꾸준히 실천하여 행복한 가정경제를 만들어 보길 바란다. 문체가 쉬어 술술 읽힌다. 새로운 결심을 해야 할 시점이라면 이 책을 적극 권한다. 그리고 가정경제의 위기를 극복할 방법을 찾아내길 진심으로 기원한다.

조용학 키움에셋플래너㈜ 대표이사

오랜 시간 회사 동료로서 박미향 팀장을 옆에서 지켜보았다. 경외감이 생길 정도로 1인 3역을 어느 것 하나 소홀하지 않게 해 내는 마녀 같은 분이다.

국제결혼을 통해 귀화한 남편이 대한민국 경찰이 되기까지 어려운 과정을 기다려 주고 국제결혼에 대한 온갖 편견에 맞서 가정의 행복을 지켜내는 모습, 세 자녀의 엄마로서 자녀들이 올바르게 자랄 수 있게 충실히 이끌어 가는 모습, 그러면서도 회사에서는 금융 교육 강사 및 재무 설계 전문가로서 자신의 영역을 성실히 넓혀 가는 모습을 보며 어찌 경외심이 생기지 않을 수 있겠는가?

그것도 모자라 이번에 그동안 상담을 하며 느낀 점들을 모아서 주부의 시각에서 돈 관리에 대한 책을 낸다는 소식을 듣고 다시 한 번 놀라게 되었다.

어느덧 정성을 들인 책이 나오게 됐고, 제일 먼저 달려와 책 원고를 주며 혹시 부족한 부분이 있으면 조언을 해 달라고 부탁해 기쁜 마음으로 책을 읽어 내려갔다.

책장을 넘길 때마다 느낀 점은 실제 주부들이 일상생활에서 놓치기 쉽고 가정경제 운영에 있어서 반드시 알아야 할 내용들로 내실 있게 꽉 차 있다는 것이다.

기업체, 관공서, 병원 등지에서 수많은 강의를 하면서 알게 된 사실 중 하나는 가정경제의 운영권을 대부분 주부들이 갖고 있다는 것이고, 주부의 금융 지식과 경험치가 그 가정의 경제적 성공에 지대한 영향을 미친다는 사실이다. 그러나 막상 주부들이 돈 관리에 대한 노하우를 배우고자 할 때, 서점에 가서 책이라도 사서 공부를 하려고 해도 딱 떠오르는 책이 없었다.

그러던 차에 이 책이 나오게 된 것이다. 이 책은 주부의 시선에서 이야기를 전개해 나가고 있기 때문에 주부들의 공감대를 충분히 이끌어 내고 있다. 또한 주부로서 반드시 알고 있어야 할 돈 관리 방법들도 쉽고 명쾌하게 펼쳐 나가고 있다.

부디 이 책을 통해 대한민국 많은 주부들이 가정경제를 운영하면서 발생할 수 있는 실수들을 미연에 방지하고, 가정의 행복을 차곡차곡 쌓아 행복 통장을 만드는 마녀들이 되길 바란다.

김기영 키움에셋플래너㈜ STAR 지점장

가정경제의 CEO
엄마의 힘을 믿습니다!

어렸을 때 일이다. 같은 반 짝꿍이 새 필통을 가져왔다. 신기한 필통에 아이들이 관심을 보였다. 헝겊에 지퍼가 달린 필통이 아닌 플라스틱에 자석까지 붙은 신상 중에 신상이었다.

"와, 멋지다. 너 이거 어디서 났어?"

"우리 아빠가 사 줬어."

"왜? 먼저 것도 좋았잖아."

"내가 갖고 싶다니까 사 주던데?"

그 말을 하는 친구가 너무 부러웠다. 필통이 고장 난 것도 아닌데 단지 갖고 싶다는 이유만으로 턱하니 고급 필통이 생기는 친구가 부러웠다. 왜 친구 집과 우리 집은 다를까 무척 궁금했다. 물론 궁금한 것으로 끝나지 않았다. 집에 가서 엄마를 시험하기까지 했다.

"엄마, 나 필통 사 줘. 사 주면 안 돼? 내 친구는 아빠가 새 필통 사 줬단 말이야."

1초 뒤 내게 돌아온 건 내 등짝을 때리는 엄마의 강력한 손바닥 스매싱이었다.

"돈이 썩어 났니? 왜 멀쩡한 필통을 놔두고 새 필통을 사 달라고 난리야?"

그날 밤 잠자리에 들면서도 왠지 억울하고 서럽고 그 친구가 부러웠다.

'우리 집은 가난한가? 그깟 필통이 얼마나 한다고! 필통 하나 사 줄 돈도 없는 건가? 그럼 내 친구네 집은 부자인가? 그래, 가지고 싶은 걸 바로 얻을 수 있으니 부자인가 보다.'

어릴 적 나는 부자와 가난을 원하는 것을 그 즉시 사 줄 수 있으면 부자, 그렇지 못하면 가난한 집이라고 구분했던 것 같다.

시간이 흘러 철이 들면서 비로소 깨달았다. 넉넉지 않은 형편에서 엄마가 얼마나 빠듯하게 가정경제를 이끌어 오셨는지.

"아휴, 아껴 쓴다고 했는데 도대체 돈이 어디로 새 나간 거지?"

"돈 쓰는 건 쉽고 버는 건 어렵다."

이런 말이 엄마 입에서 한숨처럼 새어 나오면 나는 못 들은 척하기도 하고 대놓고 듣기 싫다고 신경질을 부리기도 했다.

지금 나는 자산을 설계하고 관리해 주는 일을 하고 있다. 고객을 만날 때면 이들에게 제일 먼저 듣는 소리가 있다.

"팀장님, 우리 집 경제가 넉넉해질 수 있을까요?"

이 질문은 현재 넉넉하게 또는 여유롭게 살고 있지 않다는 반증이고, 경제 구조를 바꿔 보고 싶다는 또 다른 표현이기도 하다. 가정이 있는 사람이라면 누구나 제일 큰 바람일 것이다. 그런 질문에 나는 절대적으로 'Yes'라고 답한다. 어느 가정이나 엄마가 있기 때문이다.

부부가 함께 가정경제를 이끌어 가야겠지만 선봉에 서서 지휘해 나갈 사람은 엄마다. 아빠들이 들으면 섭섭하겠지만 아무래도 엄마들은 가정의 구석구석을 잘 살필 수 있는 위치에 있다. 가사 일을 하고 경제활동도 하며 자녀 교육뿐 아니라 가족을 하나로 어우르면서 함께 비전을 세우고 이끄는 역할을 한다.

가족들의 필요를 충족시켜 줄 모든 것에 대한 통제와 관리는 가족에 대해 가장 잘 알고 있는 엄마가 적임자다. 물론 가정에 따라 그 역할을 아빠가 할 수도 있다.

《맘 CEO》라는 책이 있다. 이 책이 출간된 이후 '맘 CEO'라는 단어가 유행했다. 엄마가 가정을 잘 이끌어 나갈 경영자라는 의미다. 이 용어는 많은 엄마들에게 위대한 가정 경영자가 될 수 있도록 비전을 심어 주었다. 이제 나는 '맘 CEO'란 말을 조금 다르게 해석하고 싶다. 가정경제 CEO, 'Economic Mom CEO'로 말이다.

성공보다 행복이 주요 키워드로 떠오르는 시대다. 넉넉한 삶, 부자의 삶보다 행복한 삶이 더 값지다는 것을 많은 사람들이 깨닫기 시작했다. 이제 우리는 '부자=행복'이 아니라는 것을 알고 있다.

진정한 행복은 무엇일까? 행복 속에 경제적 여유는 필수 조건이다. 경제적인 여유가 있어야 꿈을 꿀 수 있고 소망도 이룰 수 있다. 경제적인 여유를 얻기 위해 이제는 아껴야 한다는 사고방식보다는 잘 써야 잘 사는 것이라고 인식하는 세대로 바뀌어 가고 있다. 이러한 흐름에 맞춰 엄마들의 인식도 변화해야 한다.

지금껏 엄마들은 가정에서 살림살이를 위해 애써 왔다. 나의 엄마가 그랬듯, 여느 엄마가 그래 왔듯. 이제 시대가 변했다. 살림살이 CEO를 넘어 집안 경제를 움직이는 CEO가 되어야 할 때다. 이 책은 그런 'Economic Mom CEO'가 되는 방법을 고민하면서 썼다. 그동안 돈의 맛에서 헤어 나오지 못한 엄마, 돈의 맛을 몰랐던 엄마, 돈의 맛만 찾던 엄마들에게 조금이나마 도움을 주기 위해 고민했다.

이 책이 지금껏 들어 보지 못한 대단한 재무 설계의 비법을 담고 있는 것은 아니다. 다만 많은 고객들, 특히 엄마(또는 엄마가 될 사람)들을 만나면서 들은 현실적인 고민과 걱정거리에 대한 해결 방법을 찾고자 했다. 따라서 생활 밀착형 재무 관련 책이 될 것이다.

무엇보다 중요한 건 실천이다. 실천이 없다면 근근이 살림을 유지하는 정도의 엄마에 머무를 가능성이 크다.

'이게 어디 되겠어?' 의심하지 말고 '이게 된다고?' 하는 호기심을 갖고 실천해 보길 바란다. 그러면 당신의 마이너스 통장이 어느 순간 마이더스 통장이 되어 있을 것이다.

행복한 가정경제를 디자인하는
박 미 향

contents

Part 1 : Mom's top secret
: 돈이 줄줄 새는 마녀의 통장 · 22

Part 2 : Mom's diary
: 마녀, 돈이 궁금하다 · 80

마영희 42세 주부이자 프리랜서 편집 디자이너.

경제란 그저 신문이나 TV에서 접하는 용어로 생각하는 평범한 40 대 주부. 돈이란 원하는 것을 취하도록 돕는 수단이라고 생각한 나머지 그동안 사고 싶은 것, 먹고 싶은 것, 가족이 필요하다고 생각하는 것은 마이너스를 이용해서라도 거의 대부분 소비하고 살았다. 그러던 그녀가 세 아이의 엄마가 된다는 현실 앞에서 흔들리는 가정경제를 체감, 돈에 예민하고 지혜로운 쩐모양처가 되기로 결심한다. 마씨 성에다 다소 직선적이고 신경질적이라 '마녀'라는 별명이 있다.

이정도 마영희의 남편. 우유부단, 귀가 얇고 정에 약한 남자.

소비파 아내보다 한술 더 뜬 기분파. 남들의 어려운 사정을 그냥 넘기지 못해서 자신의 주머니를 털어 주는 편이다. 팔랑귀라서 무분별한 투자를 즐기는 중소기업의 부장. 대박을 꿈꾸며 빚을 내 주식에 투자하였으나 손해만 막심하여 회사에서나 집에서나 좌불안석인 상황이다.

이세진 목표 지향적이고 계획성 있는 중학교 2학년 아들.
학업에 욕심이 많고 바른말을 잘하고 계산이 빠르다. 자신이 목표하는 바를 이루기 위해 필요한 것은 당당히 지원을 요청하고 그에 적당한 재정적 조언까지 하는 알뜰한 녀석.

이주미 엄마 아빠의 소비 성향을 닮은 초등학교 5학년 딸.
한창 외모 꾸미는 데 관심이 많은 탓에 엄마에게 날마다 옷이며 신발, 액세서리를 사 달라고 조르는 사춘기 여학생. 얼마 전부터 새롭게 찾은 댄스 가수의 꿈을 이루기 위해 과감히 학업에 들어갈 비용을 꿈에 투자하겠다며 제법 당차게 의견을 표하는 딸.

도지나 마영희의 고교 동창으로 재무 상담사로 활동.
오랜만에 연락이 닿은 친구 마영희가 경제 문제로 가정에 어려움이 있다는 소식을 듣고, 재무 상담을 해준다. 또한 친구가 가정경제의 주체로 바로 설 수 있도록 돕는 역할을 한다.

돈의 맛

"이런 젠장!"

자기도 모르게 튀어나온 소리에 말을 뱉은 영희 스스로도 놀라 입을 틀어막았다.

'혹시, 이 말을 들은 건 아니겠지?'

두 줄이 선명하게 찍힌 임신 테스트기를 한 손에 들고 한 손으로는 입을 막은 채 한참을 서 있던 그녀는 부엌으로 달려갔다. 시원한 물 한 잔을 쭈욱 들이킨 그녀는 정신을 가다듬고 전화기를 들었다. 신호가 가고 남편의 목소리가 들렸다.

"여보세요? 나예요."

"어, 당신 웬일이야? 아침부터."

"음…. 할 말이 있어서."

"뭔데? 뭐, 로또라도 당첨됐어?"

남편의 싱거운 농담에 한참을 뜸들이던 영희가 용기 내어 입을 열었다.

"저기 말이야. 여보, 우리 셋째… 생겼어."

"뭐? 셋…째?"

"응. 방금 테스트해 봤는데 거의 정확해."

"…."

사실 영희도 남편이 대단한 반응을 보이리라고 기대하진 않았다. 드라마에 나오는 것처럼 호들갑을 떨거나 감동에 울먹이는 목소리를 원한 것도 아니다. 그래도 남편의 반응은 좀 당황스러웠다. 뭐, 아기 가진 게 내 탓인가 싶어 원망이 들려는 참에 수화기 너머에서 맥 풀린 말이 들려왔다.

"그래, 축하해. 잘됐네 뭐. 우리 이제 세 아이의 부모가 되는 거야? 와~ 어깨가 무거운데? 허허허! 애들은 좋아하겠다."

애써 기분 좋은 척하는 남편의 목소리를 들으며 영희는 영혼 없는 리액션을 해 주었다. 두 사람은 누가 먼저랄 것도 없이 서둘러 전화를 끊었다. 서로 말은 하지 않았지만, 그들 모두 당황하고 있었다. 아이 하나를 더 키우는 일이 얼마나 경제적으로 부담이 되는지 이미 몸소 체험하고 있기에 더욱 그랬는지도 모른다.

전화를 끊은 영희의 머릿속은 숫자들로 가득했다.

'가만있어 봐. 지금 내 나이가 마흔둘, 남편이 마흔다섯이니까 아이가 태어나면 내 나이 마흔셋, 남편 마흔여섯 우리 애가 초등학교 들어가면 나는 마흔아홉, 남편은 쉰둘! 헉, 우리 애가 대학 갈 때면 난 예순셋, 남편은 예순여섯? 헐!'

아이가 대학을 들어갈 때면 영희 부부는 은퇴하고도 몇 년이 지났을 나이였다. 위의 아이들이 결혼해서 손주를 봤을 수도 있다.

문제는 돈이다. 바로 어제까지만 해도 신 나게 돈을 빼내어 쓰던 마이너스 통장의 숫자가 아른거렸다. 영희는 자기도 모르게 이마를 짚었다. 나이도 나이지만 그때까지 돈을 벌 수 있을지도 모를 일이고, 애를 셋이나 키우면 자신의 노후는 쪼그라들 것 같았기 때문이다.

그때 부부 동반으로 얼마 전에 만난 남편 회사 직원 부부가 생각났다. 남편의 학교 후배이기도 했던 그는 결혼도 늦게 했지만 아직까지 아이가 없었다. 함께 만난 자리에 나온 그의 부인은 열정적으로 사회 활동을 하고 있는 커리어 우먼이었다. 화려한 직장 생활을 하는 그녀가 부러우면서도 자녀를 낳지 않는 것이 궁금해진 영희가 그 이유를 물었다.

아내가 직장 생활을 더 하기를 원하기에 자녀를 낳지 않는 거라 생각했던 영희의 예상을 깨고 나온 대답은 의외였다. 그들은 부부끼리 경제적으로도 여유있게 즐기며 살고 싶다고 했다.

"요즘 같은 경제 불황에 아이까지 낳으면 풍족하게 살 수 없잖아요. 요즘 아이 한 명 키우려면 얼마가 필요하다더라? 몇 억이 필요하다던데요? 아휴~ 저희는 애초부터 합의했어요. 무자식이 상팔자란 말을 믿고 우리끼리나 잘살자고요. 돈도 맘껏 쓰면서요."

헤어져 돌아오는 길에 영희 부부는 후배 부부의 이야기에 동의할 수 없다며 한참을 성토했다. 자녀와 함께하는 삶이 얼마나 행복하고 보람 있는 일인지, 자녀들이 주는 기쁨이 얼마나 큰지 그들은 모른다며 쿵짝이 맞았건만…. 그러나 지금 이 상황에서 그들의 마음이 이해가 되는 건 왜일까.

가슴이 갑자기 답답해졌다. 누구에게라도 이 답답한 마음을 털어놓고 싶었다. 그러나 막상 그 마음을 알아줄 사람이 떠오르지 않았다.

그때 전화벨이 울렸다. 발신자 표시를 보니 친정엄마였다. 영희는 잠시 멈칫했다. 다른 친구들은 수다 떨 사람이 필요할 때 친정엄마가 1순위라고 하는데 영희는 그렇지 않았다. 어린 시절부터 친정엄마는 늘 돈에 종종거리며 살았다. '돈, 돈'을 입에 달고 살았고 돈 한 푼에 벌벌 떨었기에 '엄마처럼 살지 않겠다' 다짐하며 자랐다. 그 때문인지 친정엄마와는 경제관이 달랐고 이런 점 때문에 자주 부딪히기도 했다. 그런 와중에 셋째 이야기를 꺼내면 좋은 반응이 나올 리가 없지 않은가.

"여보세요. 영희가? 니, 돈 쫌 있나?"

"돈?"

다짜고짜 돈 이야기부터 나오자 미간이 찌푸려졌다. 얘기인즉슨 여윳돈이 있으면 계를 붓자는 제안이었다. 꽤 좋은 조건이고 좋은 번호를 준다고 제안하며 친정엄마는 또다시 잔소리를 늘어놓았다.

"야야! 니 벌써 마흔 훌쩍 넘었다 아이가? 애들은 점점 커 가고 앞으로 들어갈 돈은 많고 나올 데는 없는데 이렇게라도 모아야 않겠나? 은행 이자보다 훨씬 낫다. 니, 아파트 옮긴 것도 대출받은 거제? 아휴, 그게 다 빚이다!"

"아, 엄마! 그만, 그만해!"

이대로 두다가는 한 시간도 넘게 잔소리를 늘어놓을 게 뻔했다. 셋째 소식은 입 밖에도 내지 못했다. 평소 딸의 씀씀이를 못마땅하게 여기던 엄마에게 셋째 임신 이야기를 했다가는 당장 달려올 것 같았다. 서둘러 전화를 끊으려는데 친정엄마가 기어코 한마디를 했다.

"야야, 돈이란 게 사탕 같은 기라. 입에 넣을 때 살살 녹는 맛에 먹어 치우지만 다 먹고 나면 뒷맛은 씁쓸하고 잘못하면 이빨 썩기 일쑤인 기라. 돈이란 게 쓰는 맛만 알면 큰일 난데이."

친정엄마의 마지막 말이 영희 귓가에 쟁쟁 울렸다. 예전 같았으면 그저 잔소리가 싫었을 텐데 그날은 그 말이 가슴이 와서 콱 박혔다.

전화를 끊은 영희 눈에 테이블 위에 놓인 우편물이 들어 왔다. 여기저기에서 날아온 고지서가 한가득이었다. 영희는 납부 고지서를 한 장 한 장 열어 보았다. 평소 같았으면 무시하고 지나갈 숫자였지만 그날은 아니었다.

'이렇게 돈을 많이 냈었나?'

바로 그 순간 띠링, 문자 한 통이 들어왔다.

'알림! 소중한 우리 아가 첫돌에 초대합니다. 오실 때 마음은 가볍게, 양손은 무겁게 오세요. ㅋㅋㅋ'

영희는 장난스러운 문자에 웃을 수 없었다. 이미 날아온 납부 고지서에 다른 지출까지 어림해 보건대 이번 달도 마이너스가 분명했다.

갑자기 등에서 식은땀이 쫘악 흘렀다. 참 씁쓸했다.

영희는 오늘에서야 비로소 느끼게 된 돈의 참맛이 궁금해지기 시작했다. 그때 남편에게 문자 한 통이 들어왔다.

'여보, 미안! 아까는 너무 당황해서…. 우리 더 열심히 살자. 분명 셋째는 우리 가족에게 귀중한 선물이 될 거야. 당신이 잘하리라 믿어.'

영희는 어깨가 묵직해졌다.

저녁에 퇴근해 돌아온 남편에게 영희는 태명을 지어 보자고 제안했다.

"여보, 우리 아가 어떤 이름이 좋을까?"

"글쎄… 밝고 건강한 이미지면 좋을 거 같은데."

"그럼 생생이가 어때?"

"생생이? … 명랑이? 활발이? 힘찬이?"

"아, 힘찬이가 좋겠다. 우리 뱃속 아기, 힘찬이라고 하자."

"그래, 그럼 힘찬이로 당첨!"

남편은 아내의 배를 쓰다듬으며 말했다.

"힘찬아. 우리에게 와 줘서 고마워. 앞으로 우리 잘 지내보자."

Part 1
Mom's top secret

돈이 줄줄 새는 마녀의 통장

chapter

01

아내,
경제권을 쥘 것인가?

　　　　　　　　　　　　　　　"내 속에~ 내가 너무도 많아. 당신

의 쉴 곳 없네~"

　라디오에서 흘러나오는 하덕규의 노래 '가시나무'가 예사롭게 들

리지 않았다. 남편과 아이들 모두 직장과 학교로 보내고 차 한 잔 마

시며 한숨 돌릴 즈음 들려온 노래 가사, 지금 영희 심정이 딱 그랬다.

일단 끌어모은 고지서가 식탁 위에 수북한 것도 모자라 자신이 모르

는 고지서도 너무 많았기 때문이다.

　"어? 이건 무슨 고지서지? 어머? 내가 재산세를 안 냈나? 독촉장

이 왔네? 가만있자, 이건 또 뭐지?"

　요즘 아이들이 자주 쓰는 말처럼 '멘붕', 멘탈이 붕괴될 지경이었

다. 그동안 남편 급여 통장에서 거의 모든 돈이 자동이체되어 수년

간 모르고 지냈던 항목이 너무 많았다. 게다가 요즘은 고지서가 우편이 아닌 이메일로 오는 경우도 많아 더욱 그랬다.

식탁 위에 널브러져 있는 영수증 쪼가리들을 이리저리 뒤적이던 영희는 마침내 머리칼을 쥐어뜯었다.

"뭐야. 뭐가 이렇게 많아. 그동안 우리 집 돈은 다 어디로 간 거야?"

아침 내내 영수증을 정리하던 영희는 안방으로 뛰어갔다. 돈이 어디서 어떻게 빠져나갔는지 살펴보자는 생각에서였다. 일단 안방 장롱문을 가로막고 있는 여행용 가방을 끌어내고 이사 온 후로는 한 번도 열지 않았던 장롱 서랍을 열었다.

끼이익 소리를 내며 서랍이 열리고 깊숙이 손을 넣어 통장 꾸러미를 꺼냈다. 일 년에 한 번 열어 볼까 말까 했던 통장을 폈다.

'맞다. 통장 정리를 안 한 지가 도대체 몇 년이냐?'

머리를 쥐어박으며 영희는 컴퓨터를 켰다.

인터넷뱅킹을 통해 입출금 상태를 체크해 가던 영희는 입을 다물지 못했다.

"아니 뭐야, 통신비가 이렇게 많이 나갔었어?"

"이 인간이! 대체 카드를 얼마나 쓴 거야?"

"어? 이건 뭔 돈인데 매달 5만 원이나 빠져나가지? 나 혹시 사기당한 거 아니야?"

"헉. 내가 미쳤지. 이걸 왜 사 가지고, 쯧쯧!"

처음에는 놀라는 표정에서 나중에는 자괴감에 빠진 표정으로 영희는 마우스를 움직였다.

❖ ❖ ❖

가정경제의 주체는 부부다. 그런데 주부가 경제권을 쥐고 있는 경우가 많다. 수천 명을 대상으로 재무 상담을 한 데이비드 바흐는 그 이유를 《똑똑한 여자의 똑소리 나는 자산 관리법》(열린숲)을 통해 이렇게 설명했다.

여성은 계획을 먼저 세운 뒤 접근하고 계획에 따라 움직이는 경우가 많기 때문에 즉흥적인 남성에 비해 투자에 더 소질이 있다. 남성들은 구속을 싫어하고 소위 대박을 좇아가는 성향이 높아 여기저기 기웃거리고 계획성 있게 접근하지 못하기에 투자에 덜 적합하다는 것이다. 이런 이유에서 그는 투자에 있어 여성의 능력을 높이 평가했다.

여성의 이러한 능력은 가정경제에 있어서도 빛을 발한다. 한 가정에서 엄마는 가족 구성원에 대해 속속들이 알고 있다. 경제를 관장하는 데 있어서도 탁월한데 무엇보다 멀티 기능이 남성에 비해 우월하다.

예를 들어 가정에서 한 달 동안 써야 할 소비 목록은 수십 개에 달할 정도로 많다. 여성은 이에 대한 동시다발적인 지출을 관장하는 멀티 기능이 뛰어나다. 남성은 한꺼번에 여러 가지 일을 처리하기보다 한 가지 일 집중한다. 이에 반해 여성은 여러 가지 일을 동시에 해낼 수 있다. 여성의 이런 능력은 가정경제를 움직이는 데 큰 도움이 된다.

그런데도 경제에 전혀 관여하지 않는 엄마들이 있다. 여러 원인이 있다. 먼저 남편의 소득이 주 수입원이 되기 때문에 경제권에서 멀어진 이유가 있다. 또 귀찮다거나 모른다는 이유 등으로 경제에서 동떨어지려는 소극적인 자세를 보인다.

그러나 가정경제에서 엄마가 할 수 있는 부분이 분명히 있다. 여성이기에 또 엄마이기에 더 잘할 수 있다. 가정의 경제권을 행사하는 주체는 누가 더 많이 벌어 오느냐가 아니다. 소득 기준이 아닌 지출을 통제하고 관리하며 절약 능력이 있는 사람이 돈을 관리하는 것이 맞다.

지출을 주로 담당하는 사람 즉 장보기, 집세, 공과금 등을 챙기는 여성이 경제권을 갖고, 그 가정의 재무 목표를 수립하여 예산을 결정하는 것과 집행이 잘되어 있는지에 대한 피드백은 부부 모두가 관심을 갖고 함께해야 한다는 것이다.

chapter
02

돈 먹는 하마,
마이너스 통장

 아침부터 기분이 영 좋지 않았다.
어젯밤 잠을 잘못 잤는지 뒷목이 뻐근하면서 잘 돌아가지 않았다. 영
희는 뻣뻣해진 뒷목을 잡고 아침상을 차렸다.

"엄마, 오늘 금요일인데 저녁때 외식하면 안 돼? 스테이크 먹고
싶어. 고기 고기!"

눈 뜨자마자 먹고 싶은 것을 얘기하는 딸, 영희는 딸아이의 끝도
없는 요구가 놀라울 따름이다. 자기 오빠와는 어쩜 저렇게도 다를
까 싶다.

"야! 이쭈미! 생각 좀 하고 살아라. 어떻게 된 애가 만날 외식 타령
이냐? 그러니 만날 이 정도쯤이야 하면서 펑펑 쓰지."

"칫! 자기도 좋으면서. 엄마, 그럼 오빠 빼고 우리만 먹자. 엄마도

이제 아기 생각해야 되잖아. 안 그래?"

쓸데없는 소리 하지 말라며 딸의 입을 막고서야 아침 식탁은 마무리되었다. 그런데 주미가 스테이크 이야기를 해서일까, 영희도 이상하게 스테이크 생각이 지워지지 않았다. 임신을 해서일까, 갑자기 고기가 확 당겼다.

'그래, 요즘 외식한 지도 오래됐고 지난번에 디자인 작업한 외주비가 다음 주쯤 들어올 테니 오늘 저녁엔 외식할까? 뱃속에 있는 힘찬이도 먹고 싶을 거야.'

영희는 청소를 끝낸 뒤 컴퓨터를 켜고 쿠폰 사이트를 서핑하기 시작했다. 나름대로 할인을 활용할 줄 아는 여자라는 생각에 대견함도 느꼈다. 제값 안 내고 외식할 정도면 그래도 알뜰한 편에 속하는 거라는 데 위안을 삼으며 폭풍 마우스 클릭 끝에 쿠폰을 찾아냈다.

"야호! 와, 대박~ 30퍼센트 쿠폰 건졌다."

영희는 내심 자랑스러웠다. 자신이 노력한 덕분에 온 가족이 30퍼센트나 싼 가격에 외식할 수 있다는 마음에 우쭐했다. 그때 전화가 울렸다.

"에미냐? 애들은 학교 갔고?"

"네. 근데 어머니, 아침부터 웬일이세요?"

"그게 말이다. 아휴, 늬 시아버지 때문에 속상해 죽겠다. 몇 달 전부터 이가 아프다기에 병원에 가 보라고 했는데 안 가고 버티더니 결국 임프란가 뭔가 그거 해야 된다지 뭐니!"

이야기를 듣는 순간 마음속에서는 '그래서 어쩌라고요?'라는 말이 튀어나왔다. 그다음엔 '그걸 왜 저한테 얘기하세요? 애들 아빠한테 말씀하세요'라는 말까지 2단 콤보로 쏘아대고 싶었다. 그러나 아무 말도 못 했다. 치료비가 수백만 원이란 말씀만 쏟아 내신 시어머니의 말에 그저 가슴이 쓰릴 뿐이다.

영희는 다시 컴퓨터 앞에 앉았다. 인터넷뱅킹 서비스로 들어가 모니터를 쏘아보았다. 쏘아본다고 영이 하나 더 생기는 것도 아닌데 말이다. 이미 잔고가 바닥이 난 급여 통장으로는 답이 나오지 않았다. 하는 수 없이 마이너스 통장에서 200만 원을 시어머니 통장으로 이체시켰다. 시어머니 통장으로 이체를 완료하는 순간 영희는 화면 속 잔액을 넣고 깜짝 놀랐다. 통장에 −19,997,500원이 찍혀 있는 것이다.

"뭐야?"

자기도 모르게 목소리가 올라갔다. 아무 생각 없이 쓰던 마이너스가 벌써 한도 2,000만 원이 되었다니, 등줄기가 서늘했다. 큰일이다.

"뭐라고? 2,000만 원? 벌써 2,000만 원을 다 썼다고? 말도 안 돼!!!"

❖ ❖ ❖

습기 제거제 '물 먹는 하마'가 있다. 습기를 빨아들여 주변을 뽀송뽀송하게 만드는 제품이다. 재무에 있어서도 돈 먹는 하마가 있다. 바로 마이너스 통장이다. 마이너스 통장은 급하게 돈이 필요할 때, 편리하게 사용할 수 있지만, 가정경제의 발목을 잡는다.

한번은 재무 상담을 하면서 그 가정의 자산이 얼마나 되는지 물었다.

"음…. 우리 부부 월급이랑 통장에 한 200만 원 정도 있어요. 아, 그리고 마이너스 통장도 있네요. 마이너스 한도가 5,000만 원이니까 그것도 재산 아닌가요?"

그의 대답에 참 난감했다.

많은 이들이 마이너스 통장을 쉽게 이용하고 그 돈을 마치 자산인 듯 쓴다. 마이너스 한도가 자신의 신용에 따라 동원할 수 있는 자금이니 신용 자산이기는 하다. 그러나 엄격히 말하면 내 돈이 아니다.

마이너스 통장은 이자율이 높아 위험하다. 보통 마이너스 통장의 이자율은 신용 등급이 좋으면 연 7~8%, 일반은 9~11%에 육박한다. 돈을 쉽게 쓸 수 있다는 심리적 안도감이 이자에 대해 무감각하게 만든다. 그러다 보니 통장에 마이너스 금액과 함께 이자가 인출되어도 그러려니 한다. 그러다 이자가 날이 갈수록 늘고 결국 한도액까지 다 쓰게 되면 하는 수 없이 한도액을 더 늘리게 된다.

마이너스 대출이 자신의 집 담보대출과 거의 맞먹는 경우까지 가는 가정도 있다. 1억 원이 넘는 집 담보대출에 8,000만 원의 마이너스 통장까지 떠안고 있다면 그 가정은 1억 8,000만 원의 빚으로 파산 직전이다. 그런 경우 대개 마이너스 통장으로 지출을 막다가 한꺼번에 둑이 무너져 손을 쓸 수도 없는 상황에 이르고 만다.

그 가정을 상담하면서 우선은 집을 팔아 마이너스 통장의 한도액부터 낮추는 것에서 시작했다. 결국, 마이너스 금액을 다 갚은 뒤 지금은 안정된 가정경제를 꾸려 가고 있다.

가정경제의 위험 신호는 통장이 마이너스가 되고 있을 때부터다. 빨간불이 들어오기 전에 예방해야 한다. 빨간불이 켜졌다면 비상 상황이다. 이때는 전문가와 상의해 돌파구를 찾도록 한다. 특히 마이너스 통장에 문제가 생겼다면, 한도액을 낮추면서 차츰 갚아 나가다가 통장을 없애는 방향으로 가야 한다.

chapter
03

부부의 고해성사,
재무 대화의 스킬

 "이정도 부장! 결재 서류 어떻게 됐
어?"

"네, 오후 중에 다시 손 봐서 올리겠습니다."

"뭐야? 어제까지 해 놓는다며. 이 부장 요즘 왜 그래? 안 그러던
사람이…."

"죄송합니다. 제가 몸이 좀…."

"허허, 그 사람 참. 건강 좀 관리하면서 살아야지. 요즘 입맛도 없
어 보이던데."

대충 대답을 하고 돌아선 이정도, 요 며칠 동안 거의 죽을 맛이
다. 아침마다 걸려 오는 전화와 문자에 노이로제가 걸릴 것만 같다.

'연체이자 납부 바람'

이정도는 석 달 전으로 시계를 돌려놓고 싶었다. 그전까지만 해도 마음은 편안했다. 때론 사업하는 친구들을 무척 부러워하기도 했지만 그래도 부인에게 받는 용돈을 아껴 쓰던 그때는 살 만했다. 그런데 그놈의 과욕이 문제였다.

"정도야! 이번에 내가 고급 정보 하나 알려 줄게. 너 나한테 뭐 해 줄래?"

"야야. 먼저 털어놔 봐. 들어 봐야 뭘 해 주든 말든 할 거 아냐."

"내가 너 같은 개미한테 이런 고급 정보를 줄 줄이야. 잘 들어 봐."

친구는 주식 관련 정보를 전해 주었다. 녀석이 정보 쪽에 워낙 빠꼼이라 허투루 소식을 전하지는 않을 것이었다. 게다가 듣고 보니 솔깃했다. 문제는 돈이었다. 지금 가지고 있는 주식이 영 신통치 않기에 아내에게 말해 봤자, 못 하게 할 게 뻔했다.

"우리 집 담보대출도 걸려 있고 주식도 거의 반 토막인데 돈을 어디서 구하냐?"

"너, 비상금 없어?"

"그런 게 어디 있어. 먹고 죽으려도 없다."

"그래? 야! 인생 뭐 있냐? 일단 질러 봐. 캐피탈도 있고 간단한 신상 정보만 알려 줘도 돈을 빌려 준다는 론도 있고. 돈이야 맘만 먹으면 구할 수 있지."

친구의 말 한마디에 이정도는 넘지 못할 선을 넘고 말았다. 석 달 빌려 쓰고 30퍼센트 이상 수익을 내면 원상 복구는 물론, 큰소리치면서 그간 배우고 싶던 실내 골프도 아내가 허락해 줄 것 같았다. 그런데 예상은 완전히 빗나갔다.

"야! 그거 확실한 정보 맞아? 왜 자꾸 떨어지는 거야?"

"그러게 말이다. 요즘 경기가 전반적으로 안 좋다 보니까 주식 시장도 위축되나 봐. 기다려 보자."

하루하루 속이 타들어 갔다. 일단 석 달 빌린 돈의 이자가 무려 50만 원이 된 데다 주식은 16퍼센트 이상 마이너스가 나고 있었다. 대출 기간을 늘리니 이자는 계속 늘고, 주식은 더욱 악화되니 한 달 용돈이 거의 반이나 줄어들었다. 이러다 원금까지 날리면 어쩌나 하는 생각에 골이 지끈거렸다.

'아, 이러다 나 파산하는 거 아냐? 어쩌지?'

상황이 이 지경이니 회사 일을 제대로 할 수 없었다. 이정도 부장은 그제야 정신이 번쩍 들었다. 일단 급한 불부터 꺼야 했다.

일단 아내의 잔소리를 꾹 참고 들을 인내심을 장전한 뒤 일찌감치 퇴근했다. 남편의 비장한 표정을 눈치챘을까, 아내 영희도 슬금슬금 눈치를 보며 말을 걸었다.

"무슨 일 있어? 왜?"

"아니. 당신한테 할 말 있어서."

"무… 무슨? 당신 뭐 아는 거 있어?"

이정도는 영희의 반응에서 뭔가 이상한 낌새를 눈치챘다. 어색한 순간이 얼마쯤 지났을까, 이정도가 작정하듯 입을 열었다.

"실은 당신한테 말 안 했던 게 있는데… 내가 따로 주식을 했는데…."

"뭐어? 주식? 당신 원래 주식하잖아. 그것 말고 또 했단 말이야? 돈은 어디서 났는데? 수익은?"

속사포처럼 아내의 질문이 쏟아졌다. 이정도는 이왕 털어놓는 거 하나도 빠짐없이 털어놓았다. 지금 얼마나 빚에 허덕이고 있는지, 주식은 어느 정도로 처참한지에 대해서. 그런데 이상한 일이다. 한 보따리 신세 한탄부터 시작해 잔소리가 이어져야 마땅한데 아내가 조용했다.

"나도 털어놓을 거 있어. 당신이 고해성사를 했으니 나도 하는 게 맞는 것 같아. 우리가 집 옮겨 오면서 무리했잖아. 대출도 늘었고 애들 크면서 씀씀이도 커졌고. 늘 마이너스라는 건 당신도 잘 알 거야. 나도 잘 모르고 있었는데 우리가 벌써 2,000만 원이나 마이너스를 썼더리고."

"휴우…."

누가 먼저랄 것도 없이 부부는 답이 나오지 않는 상황에 한숨만 쉬었다. 그런데 참 이상한 일이었다. 벌써 둘이 털어놓은 빚만 하더라도 엄청난 현실, 그런데도 서로 털어놓고 나니 마음은 후련했다.

가정경제의 문제를 일으키는 주된 원인은 무엇일까. 빚? 박봉? 지름신? 아니다. 물론 이 모든 것이 이유가 될 수는 있다. 하지만 가장 큰 문제는 '부부간의 대화 부족'이다.

앞서 영희의 경우도 남편이 다른 종목의 주식을 샀다는 것을 알지 못했고, 남편 역시 가정경제가 크게 마이너스 상태라는 것을 몰랐다. 물론 '모르는 게 약'이라는 생각에 혼자 책임지겠다는 마음도 있을 것이다. 하지만 가정은 부부가 함께 꾸려 가는 작은 사회이기에 가정경제 역시 부부가 함께 공유해야 한다.

외벌이 가정의 경우 한쪽이 버는 수입액에 맞춰 지출을 한다. 맞벌이라면 한쪽의 수입으로 생활비를 쓰고 다른 한쪽의 수입으로 그 외의 지출이나 저축을 한다.

재무 상담을 했던 의사 부부 이야기다. 그 부부는 의료계에서 일하며 고소득을 올리고 있었다. 둘이 버는 소득이 다른 가정에 비해 많았기에 남편의 월급으로 생활비를 쓰고 아내의 월급으로 저축과 투자를 하고 있었다. 일반적으로 맞벌이 부부는 수입의 50% 정도를 저축하는 게 바람직하다. 그런데 그 집은 경제적으로 큰 문제에 시달리고 있었다. 부부가 함께 재무 상담을 받던 중 서로에 대해 숨기던 부분이 드러난 것이다. 남편이 생활비를 맡기로 했는데 남편은 각종 모임과 취미 활동을 통해 인맥을 넓혀야 한다고 생각해 소득 대부분을 교제비 등으로 지출하고 있었다. 그러다 보니 매달 다른 곳에서 생활비를 끌어다 쓰고 급기야 현금 서비스, 카드론도 이용했다.

그 사실을 아내가 알게 되었을 때 아내는 몇 년 동안 자신을 감쪽같이 속인 남편에 대한 배신감에 치를 떨었다. 남편은 남편대로 자신의 상황을 전혀 이해해 주지 않는 아내에게 서운했다.

다행히 상담하는 과정에서 충분히 대화를 나누며 조금씩 마음을 열었다. 그리고 두 사람이 함께 재무 목표를 정하고 새롭게 출발할 수 있었다.

가정경제를 제대로 이끌어 가려면 부부간의 재무 대화는 필수다. 2013년 삼성생명 은퇴연구소는 전국의 기혼자 1,000명을 대상으로 부부간 재무 대화에 관해 조사했다. 그 조사를 바탕으로 발표한 〈부부의 재무적 협력에 관한 연구〉에 의하면 응답자의 40%, 즉 부부 5쌍 중 2쌍이 거의 대화를 나누지 않거나, 급하거나 필요할 때만 대화를 나눈다고 대답했다.

그 이유로는 부부 중 한 사람이 알아서 하기 때문이라는 대답이 가장 많았다. 그다음으로는 재무 대화로 감정이 상할까 봐 걱정해서였다. 재무 대화의 내용도 대부분 미래에 대한 것보다 현재 쓰고 있는 것, 즉 지출에 초점이 맞춰져 있었다고 한다. 응답자 5명 중 1명은 배우자와 돈 문제로 자주 싸운다고 대답했다. 그런데 재무 대화를 자주 나눈 부부일수록 노후 준비가 잘 되어 있었다고 한다.

가정의 평화를 위해서도 재무 대화는 필수다. "당신은 왜 이렇게 돈도 못 벌어 와?" "당신은 도대체 그 돈을 다 어디에다 쓰는 거야?" "돈 좀 원 없이 쓰고 죽었으면 좋겠다." 이런 식의 대화는 재무 대화라고 볼 수 없다.

돈은 민감한 부분이기에 상대방의 자존심과 감정을 쉽게 상하게 할 수 있다. 그래서 재무 대화는 스킬이 필요하다. 다음은 엄마들이 고쳐야 할 말투들이다. 다음과 같이 수정해 보자.

"정말 쪼들려서 못 살겠어요."

⋯▸ "요즘 좀 힘드네요. 나도 잘 해보겠다고 하는데 살림이 나아지 질 않아요."

"남들은 월급도 팍팍 오른다던데 당신은 이것밖에 못 벌어 와요?"

⋯▸ "우리 가족을 위해 일해 줘서 고마워요. 당신 열심히 일하는 거 잘 알고 있어요. 많이 힘들죠?"

"이렇게 가다가는 우리 집 쪽박 찰 거예요."

⋯▸ "앞으로 지출을 좀 줄이더라도 미래를 위해 저축을 해야겠어 요. 우리 좀 더 지혜를 모아 봐요."

"먹고 죽으려고 해도 돈이 없어요."

⋯▸ "지금은 쓸 돈이 부족한 게 사실이에요. 그래도 어딘가 분명히 길을 찾으면 방법이 생길 거예요. 나도 도울게요."

"어머니 입원비에 애들 학원비 다 어떻게 할 거예요? 대책이 없 어요."

⋯▸ "지금 우리 집 지출 상황이 이래요. 갑자기 예상치 않은 일이 생 겨서 솔직히 뾰족한 방법이 없어요. 그러려면 다른 지출을 줄여 야 하는데 함께 의논해 봐요."

chapter
04

재무상태표를
파악하라

"아주머니, 저 행복빌라 101호 세
입자예요."

"아, 네! 무슨 일로?"

"그게 말이죠. 요 며칠간 계속 비가 왔잖아요. 그런데 빌라가 오
래되서 그런지 거실 벽지가 젖었더라고요. 아무래도 물이 새는 것
같아요."

산부인과 검진을 받고 기분 좋게 나오는데 전화 한 통이 기분을
망쳤다.

'아 맞다. 빌라가 있었지?'

4년 전에 사 둔 행복빌라가 떠올랐다. 우리도 한번 재개발 몫을 챙
겨 볼까 섣불리 저지른 투자였는데 영 신통치가 않았다. 특히 재개

발은 거의 물 건너간 상태라는 소문이 무성했기에 영희네 부부는 가슴이 쓰린 상태였다.

그런데 세입자의 전화라니, 그것도 물이 샌다니 머리가 지끈지끈 아팠다. 물이 새는 건 주인이 나서야 할 대목 아닌가.

영희는 병원을 나와 바로 빌라로 뛰어갔다. 세입자 말대로 거실 벽지가 누렇게 변색되어 있었다. 물이 샌 게 분명했다. 자기도 모르게 미간이 찌푸려졌다. 그런 주인의 모습을 보던 세입자는 괜히 미안해했다. 영희는 요즘 전셋값도 천정부지로 오른다고 하는데 처음 전세 놓던 가격 그대로 4년째 눌러 있는 세입자가 갑자기 얄미워졌다.

'전셋값을 확 올려 버려? 공사비도 들어가는데…. 아니지, 아예 팔아 버릴까?'

몇 초 사이에 별의별 생각이 다 들었다. 아무리 생각해도 투자 목적으로 빌라를 산 것은 헛수고였다는 생각을 지울 수 없었다.

"어쨌든 주인인 우리가 해결해 드릴게요. 우선 공사하는 분을 불러서 물어보죠."

영희는 일단 바깥으로 나가 ○○ 인테리어라고 쓰인 곳부터 ○○ 누수라고 쓰인 곳은 다 들어가서 상담을 했다. 돌아오는 대답은 거의 같았다.

"빌라가 오래되면 비도 새고 그래요. 일단 가 봐야 알겠지만 윗집 때문에 물이 샜을 수도 있고 집 자체의 수도관에 문제가 생겨서 누수가 될 수도 있어요. 어쨌든 두 경우 모두 골치 아프게 생겼네요. 아주 간혹 누수가 저절로 없어지기도 하는데요. 뭐 그런 경우는 거의 없죠. 가서 한 번 봅시다. 아휴! 이래서 오래된 빌라는 조급하게 사고 나면 애물단지가 되기 쉽다니까. 쯧쯧."

빌라를 둘러본 사람은 여기저기 두드려 보더니 아무래도 화장실에서 문제가 생긴 것 같다며 며칠 더 두고 보자고 했다. 만약 화장실 공사로 이어지면 꽤 많은 금액이 들어갈 것 같다는 말에 영희는 마음이 무거워졌다.

공사비는 어떻게 할 것인가? 출산일은 금방 다가올 텐데 출산 비용은 어떻게 하나? 이런저런 걱정에 입맛이 뚝 떨어졌다. 남편이 저질러 놓은 카드론 1,000만 원도 상환해야 한다는 생각까지 하니 머리가 다 아팠다.

'가만있자. 만약 공사를 하게 되면 바로 돈을 줘야 하는데 남편 월급날까지는 보름이나 남았고…. 아, 이거 어찌지? 이이고 하나님, 저 좀 살려 주세요. 제발 누수가 저절로 사라지게 해 주세요.'

자기도 모르게 기도가 나왔다. 그리고 얼마 뒤 퇴근해서 돌아온 남편과 오랜만에 대화 모드로 들어섰다. 현재 갖고 있는 자산이 얼마나 되는지, 빚이 얼마나 있는지 확실히 알아 둘 필요가 있어서다. 둘이 마주 앉아 자산과 부채를 차근차근 따져 보는 시간, 둘 사이엔 간혹 큰소리도 오갔지만 함께 이야기를 나누고 있으려니 마음 한 구석이 왠지 든든했다.

❖ ❖ ❖

사람은 누구나 살아가면서 돈이 들어가야 할 인생의 이벤트들이 있다. 이 이벤트들을 잘 해결하려면 부부간의 재무 대화를 통해 가정경제의 실정을 제대로 파악한 후, 돈을 잘 관리해야 한다.

데이비드 바흐의 《똑똑한 여자의 똑소리 나는 자산 관리법》에 보면 경제에 대해 알기 원한다면 다음 네 가지를 인식하고 있어야 한다고 한다.

1. 자신이 잘 안다고 생각하는 것(예: 자신 또는 배우자의 한 달 수입)
2. 자신이 모른다고 생각하는 것(예: 내년 주식 시장의 전망)
3. 자신이 반드시 알고 있어야 한다고 생각하는 것(예: 은퇴 후 안정된 자금)
4. 자신이 모르고 있다는 사실조차 모르고 있는 것(예: 정부의 세법 조항이 개정이 가정경제에 미치는 영향)

이 중에서 자신이 확실히 알고 있는 부분이 있다면 그나마 재정에 눈을 떴다고 할 수 있다. 하지만 아쉽게도 대부분의 사람들이 이 네 가지를 제대로 알지 못한다. 가정경제를 잘 관리하기 원한다면 네 가지 모두에 관심을 기울여야 할 것이다.

가정경제를 새롭게 다지기 위해서는 자신이 잘 안다고 생각하는 것부터 정리해 보아야 한다. 가정경제의 가장 기본적인 수입과 지출 현황, 갖고 있는 것과 빌려 쓴 것이 각각 얼마인지 알아야 한다. 그

것을 알 수 있는 표가 재무상태표다. 자신이 보유하고 있는 총자산을 자산과 부채로 구분하고, 그것을 유형별로 세분화시킨 표로서 경제 활동에 대한 성적표라 할 수 있다.

자산은 경제적 가치가 있는 유형, 무형의 자산을 말한다. 쉽게 표현하면 자산은 내 주머니에 돈을 넣어 주는 것들이다. 부채는 갚아야 할 것, 쉽게 말해 주머니에서 돈을 뺏어 가는 것들이다.

예를 들어 아파트는 내 주머니에 돈을 넣어 준다. 하지만 아파트를 살 때 받은 담보대출은 부채다. 멋진 자동차를 구입해 타고 다닐 때 자동차는 자산이 되지만, 할부로 자동차를 구입했다면 주머니에서 돈을 뺏어 가므로 부채가 된다.

가정의 재무상태표를 파악했다면 현금 흐름표를 작성해 본다.

현금 흐름표는 일정 기간 돈의 흐름을 보여 준다. 현금 흐름표를 작성해 보면 적절한 지출을 하고 있는지, 저축과 투자 규모는 적당한지, 불필요한 지출이 어느 정도인지 등의 문제를 쉽게 파악할 수 있다. 소득은 급여, 임대료, 이자, 사업소득, 연금소득, 기타소득 등 다양하게 구분할 수 있다.

다음은 지출 항목을 기록한다. 현금 지출 항목은 특성에 따라 저축 및 투자와 지출로 나눌 수 있다. 대표적인 고정 지출 항목으로는 대출 상환금, 관리비, 공과금, 보험료, 소득세 등이 해당된다. 변동 지출은 일정하지 않은 지출로 어느 정도 조정이 가능한 지출을 의미한다. 의식주 등의 생활비, 여행 경비, 불규칙적인 의료비, 문화생활비, 외식비, 자녀의 사교육비 등이 대표적인 항목이다.

마지막으로 저축 및 투자 항목에는 정기적으로 들어가는 저축 금액을 기재한다. 적금, 적립식 펀드, 연금저축, 청약부금 등이 있다. 보험료의 경우 저축보험은 저축 및 투자 항목에 해당되지만 화재보험, 건강보험과 같은 보장성 보험은 고정 지출 항목에 해당된다.

다음은 이 책의 주인공 마영희 · 이정도 부부의 가정경제 재무상태표로 금융 자산과 부동산 자산, 보험 등 자산과 부채를 정리한 표다.

■ 이정도 · 마영희 부부의 금융 자산 현황

항목		금융 기관	상품명	월 불입액	현재 잔액
수시 입출금		없음			
단기 자금	예금	없음			
	적금	없음			
중기 자금	마영희	○○증권	가치주펀드	380만 원(원금) 임의식	450만 원
	마영희	○○증권	차이나펀드	150만 원(원금) 임의식	120만 원
	이정도	○○증권	주식	2,000만 원(원금)	1,662만 원
장기 자금	마영희	○○보험	○○저축보험	15만 원/월 30개월 납입	318만 원
	이정도	○○보험	연금저축보험	20만 원/월 23개월 납입	138만 원
	이정도	○○보험	개인연금보험	25만 원/월 18개월 납입	212만 원
	마영희	○○은행	장마펀드	600만 원(원금) 적립식	630만 원
	마영희	○○보험	변액유니버셜보험	20만 원/월 49개월 납입	883만 원
합계					4,413만 원

■ 이정도 · 마영희 부부의 보장성 보험 현황

소유자	금융 기관	상품명	납입 기간	보장 기간	월 불입
이정도	○○생명	변액유니버셜종신보험	60세까지	종신/80세	31만 원
이정도	○○생명	다이렉트종합보험	20년	80세	3만 6,000원
마영희	○○생명	종신보험	25년	종신/80세	11만 원
이세진	○○화재	실손의료보험	25년	30세 만기/3년 갱신	3만 9,000원
이주미	○○화재	실손의료보험	20년	30세 만기/3년 갱신	3만 3,000원
합계					52만 8,000원

■ 이정도 · 마영희 부부의 재무상태표

자산			부채		
현금	수시 입출금		담보대출	주택담보 대출	1억 2,000만 원
	보험 환급금	1,835만 원	신용대출	마이너스 대출	2,000만 원
안정 자산	정기 예적금		기타대출	카드론 보조	1,000만 원
				빌라전세 보증금	4,500만 원
투자 자산	주식	1,662만 원	총 부채		1억 9,500만 원
	펀드	1,200만 원			
	적립식				
연금 자산	공제 저축	668만 원	금융 자산		6,248만 원
	변액보험	883만 원			
부동산 자산	거주용 부동산	3억 5,000만 원	부동산 자산		4억 6,000만 원
	투자 부동산	1억 1,000만 원			

총자산 : 5억 2,248만 원 − 부채 : 1억 9,500만 원 = 순자산 : 3억 2,748만 원

잘 정리된 재무 상태표와 현금 흐름표는 향후 재무 플랜을 수립하는 기초 자료가 된다. 머리로만 대충 계산하지 말고 수치까지 확인 가능하도록 꼼꼼하게 기록하며 자산과 부채를 정확히 따져 보는 것이 중요하다. 특히 자산을 종류별로 파악해 보는 것도 필요하다. 위의 표를 참고해 자신의 재무상태표를 작성해 보자. 이것이 가정경제 구조조정의 첫 단계다.

chapter 05

우리 집 금융 주치의
필수 조건

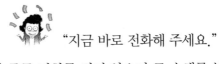

"지금 바로 전화해 주세요."

TV에서는 지금 당장 주문 전화를 걸지 않으면 큰 손해를 볼 것처럼 말하고 있었다. 평소 즐겨 보던 홈쇼핑 채널을 보는데 주미가 옆에 착 달라붙어 앉았다.

"엄마, 저거 사려고? 와~ 자동 주문 전화하면 만 원이나 깎아 준대. 빨리 전화해 봐."

"아니야. 안 살 거야."

"헤헤~ 과연 그럴까요?"

아이는 뭐가 그리 재밌는지 계속 옆에서 약을 올렸다. 사실 영희는 남편과 함께 작성한 가정 재무상태표 때문에 우울한 상태였다. 그래도 지금껏 남에게 꿀리지 않을 정도로 살았다고 생각했는데. 자산이 별로 없는 데다 갚아야 할 부채 규모를 정확히 알게 되니 기가 팍 죽은 것이다. 게다가 혹시라도 이런 상황이 남들에게 알려질까 봐 더 두려웠다. 이런 마음을 알 리 없는 딸은 계속 신경을 거슬렀다.

"엄마! 2분밖에 안 남았대. 오래 참으시는데? 엄마, 저 프라이팬 기능 좀 봐. 완전 좋은 것 같은데? 사은품으로 치킨 너깃도 준다잖아. 먹고 싶어!"

"야! 시끄럿. 텔레비전이나 꺼."

"에이~ 누가 마녀 엄마 아니랄까 봐. 마영희 여사님, 알겠습니다."

신경질을 내자 딸아이는 제 방으로 쏙 들어가 버렸다. TV를 끄려던 영희는 기분을 전환하려고 채널을 돌렸다. 그러던 중 한 멘트가 귀에 쏙 들어왔다.

"가정의 재무 상태! 혼자서 해결하기 어려우실 때 전문가와 상의하세요. 재무 의사 결정은 삶의 모든 부분과 긴밀하게 연결되어 있습니다."

마치 자기 이야기를 하는 것 같아 영희는 가슴이 답답해졌다. 바로 그때, 대학 동창생 도지나에게서 전화가 걸려왔다. 대학 시절엔 꽤 친하게 지냈는데 결혼 후 연락이 끊겼던 그 친구, 영희도 소식이 궁금했는데 마음이 통했는지 지나가 먼저 전화를 걸어온 것이다.

"잘 지냈지? 정말 반갑다. 지나야, 너 어디 사니?"

"서울에서 살아. 너도 결혼해서 잘살고 있지?"

"그럼. 같은 서울 하늘 아래에 사는데도 못 보고 살았다. 그나저나 너 무슨 일 하니?"

"나? 지금 재무 상담사로 일하고 있어. 넌 전공 살려서 일하고 있지?"

"응. 프리랜서로 책 디자인하고 있어."

영희는 재무 상담이란 말에 움찔했다. 10년 만에 전화를 걸어온 친구가 혹시 보험 이야기를 하는 건 아닌가 했다. 영희의 그런 마음을 눈치챘는지 친구는 이런 설명을 덧붙였다.

"영희야, 혹시 오해할까 봐 얘기하는데 재무 상담은 보험과는 좀 달라. 재무 상담은 말하자면 지금 우리 집 가정경제 상태와 문제점을 진단하고 그에 대한 대책을 세우는 거야. 너도 언제 시간되면 상담받아 봐. 가정경제도 계획이 필요한 시대잖니."

영희는 차마 자신의 얘기라고는 말 못한 채 친구에 빗대어 물어보기로 했다.

"네가 재무 상담을 한다니까 묻는 건데, 나랑 친한 친구가 요즘 빚 때문에 허덕이고 있거든. 그래서 재무 상담을 받아 보면 어떨까 싶어서."

"그래? 내가 전화하기를 잘했다. 영희야, 진정한 경제적 행복은 돈이 많은 게 아냐. 필요할 때 필요한 만큼 준비되어 있으면 되거든. 어떤 사람들은 제대로 된 계획도 없이 무작정 투자나 저축만 하는데 그런 무의미한 재테크보다 구체적인 재무 목표를 세워서 그에 맞춰 가정경제를 조정해 나가는 게 중요해. 그럴 수 있도록 도움을 주는 게 재무 상담사의 역할이지. 말하자면 각 가정의 현금이 어떻게 흘러가고 있는지 현금 흐름 분석과 함께 재무 상태 분석, 그 뒤에 재무 목표별 필요한 목적 자금을 준비하는 방법을 함께 고민해 가면서 그 가정이 재무적으로 안정되도록 하는 거지. 그게 결국 행복한 가정을 만드는 굉장히 큰 부분이거든."

친구의 말은 하나도 틀린 구석이 없었다. 영희는 친구의 도움이 필요하다는 생각이 강하게 들었다. 조금 전까지만 해도 자신의 상황을 숨기는 데 급급했지만, 그까짓 고민은 하지 않는 게 더 낫다는 생각이 들었다.

"야, 사실은… 우리 집 얘기야. 우리 집 좀 심각해."

"하하, 지지배, 그럴 줄 알았어. 뭐가 궁금한 거야? 빚 갚기? 아니면 돈 모으기? 뭐든 상담하세요. 제가 친절히 알려 드릴 테니."

영희는 며칠 후 친구 도지나에게 재무 상담을 받기로 약속했다. 앞으로 지속적으로 만나서 자세히 이야기를 나누며 합리적인 재무 관리 시스템을 통해 자산 관리를 해 보자는 친구 도지나의 말에 천군만마를 얻은 듯했다.

재무 상담은 행복한 삶을 살아가기 위한 방법 찾기라는 점에서 자산 관리의 범주를 뛰어넘는다. 주변에 재무 컨설팅이나 보험 설계에 관련한 일을 하는 사람이 한두 명은 있기 마련이다. 그만큼 재무 관리가 중요한 시대를 살고 있는 것이다.

'약은 약사에게 진료는 의사에게'라는 말이 있듯 가정의 재정 문제도 전문가와 상담해야 한다. 가정경제를 바로 세우고 설계하는 일에 답이 도무지 나오지 않을 때가 있다. 그럴 때 필요한 이가 재무 상담사 또는 재무 관리사다. 재무 상담사의 역할은 우리 가정에 일어날 수 있는 일 90%에 관심을 갖는 것이다. 그것이 재무 설계의 영역이다.

우리나라는 IMF 이후 평생직장 개념이 무너지면서 안정된 소득원을 찾기가 어려워졌다. 은행이 도산하고 저금리 시대가 되고, 금융 상품이 다양해지면서 재정 안정을 위한 실질적인 조언을 받을 수 있는 전문가가 필요해졌다. 그런 점에서 재무 상담사는 개인의 금융 주치의기도 하다. 주치의라고 하니 비용 부담이 많이 들 거라 생각해서 거부감부터 갖는 사람들도 있다. 또한, 자신의 재무 상황에 대해 속속들이 이야기해야 하는 것도 마뜩잖아 만나 볼 생각조차 하지 않는다. 긴강을 위해 주치의가 필요하듯 재무 관리가 중요해진 시대에는 가정경제를 보살펴 줄 금융 주치의도 필요하다.

금융 주치의는 어떤 사람이 좋을까.

그 가정의 문제에 대해 이해하고 접근하되 가능한 한 잘 들어주는 귀를 가진 사람이어야 한다. 좋은 재무 상담사는 상대방이 솔직하게 자기 형편을 말할 수 있도록 편안해야 한다. 또한, 말을 많이 하기보다 우선 고객의 상황을 많이 들어주어야 한다. 자신의 투자 철학과 재무에 대한 목표를 뚜렷하게 제시할 줄 알아야 하고 아울러 라이프 코칭, 즉 재무 설계가 곧 인생에 대한 설계가 되도록 삶의 전반적인 부분까지 듣고 논의할 줄 알아야 한다.

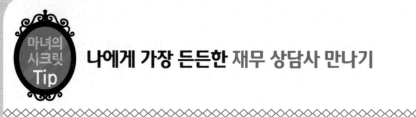

나에게 가장 든든한 재무 상담사 만나기

삶을 함께 나누며 도움을 받을 수 있는 재무 상담사는 다음과 같은 특징이 있다.

1. 가족이 궁극적으로 원하는 삶의 목표를 함께 고민한다.

2. 가정이 처한 상황에 대해 충분히 이해하고 이야기를 나눈다.

3. 가정경제의 현재를 철저히 분석하여 준비한다.

4. 자신이 대화를 주도하기보다 주로 대화를 경청한다.

5. 이론과 실전 경험이 풍부해서 시장 변화에 대응할 줄 안다.

6. 금융 상품을 무조건 권하지 않는다.

7. 투자에 따른 위험 부담을 반드시 설명한다.

8. 정기적으로 연락을 주고받으며, 지속적으로 점검하고 정보를 제공해 준다.

9. 소신과 투자 철학이 있어 단기적인 성과보다 장기적으로 꾸준한 성과를 얻어야 한다.

10. 성실성과 상품에 대한 관심도를 보증할 수 있는 재무 관련 전문 자격증이 있다.

chapter 06

돈이 돈을 버는
바구니 세 개

여자 셋이 모이면 접시가 깨진다더
니 카페 안이 시끌벅적했다. 40대로 접어든 동창생들의 이야깃거리
는 무궁무진했다. 일단 자식 자랑부터 시작해서 자녀 교육, 남편 직
장, 시댁 뒷담화에 이르기까지. 한참을 얘기하고 있을 때 카페 안으
로 한 사람이 들어섰다.

"어머…. 너 오진실?"

"그래. 알아보겠니? 얘들아, 반가워. 나 진실이야."

"어머, 너 마녀, 마영희 아니니? 하나도 변한 게 없네. 그대로야."

거의 10년 만에 보는 친구였다. 오진실, 여고 시절부터 영희와 친
하게 지낸 친구였다. 결혼 후 남편 직장을 따라 미국으로 갔다고 들
었는데 10년 만에 친구들 모임에 나온 것이다. 알고 보니 한 친구와

카톡으로 연락이 닿았단다. 그런데 10년 만에 만난 진실이는 뭔가 달라져 있었다.

"진실아, 근데 너 되게 변했다. 뭐랄까? 럭셔리한 귀부인 냄새가 난달까?"

영희의 말에 친구들도 그제야 궁금한 눈빛을 보냈다. 사실 고교 시절엔 지나치게 알뜰해서 궁상맞아 보이던 진실이, 20년 지난 지금은 부티, 아니 여유가 팍팍 나는 부인이 되어 있었다.

"호호! 그래 보여? 야, 다들 똑같지 뭐. 우리 남편도 너네랑 똑같은 월급쟁이고 한창 돈 들어가는 애들 키우는 것도 같고."

"야야. 그래도 너 미국 가기 전에 봤을 때 하고는 완전 달라졌어. 그땐 돈 1,000원에 벌벌 떨던 애였는데…. 뭐야 이렇게 여유 있어 보이는 까닭이? 로또라도 맞았어? 아님 대박이라도 났니?"

이제 동창 모임의 주인공은 진실이가 되었다. 다들 출발은 비슷했지만, 친구들에 비해 훨씬 여유로워진 진실이의 사연이 궁금해졌다.

"늬들, 지금 살림 잘하고 있니? 쪼들리지는 않아? 그래도 하고 싶은 건 하면서 살고 싶지 않아?"

"야. 당연한 말을 뭘 묻고 그래. 남편 월급 타면 그날로 마이너스 되는데 거의 미쳐 버릴 지경이다. 그런데 더 미치겠는 건 뭔지 알아? 마이너스 살림 보면서 아껴 써야지 하고는 돌아서면 뭔가 잔뜩 사고 있다는 거야."

"맞아 맞아."

모두가 일심동체가 되어 팍팍한 살림살이에 크게 공감하고 있을 때 그녀는 자신만의 비법을 털어놨다.

"나도 뻔한 월급으로 살다 보니 너무 힘들었었어. 나랑 남편이랑 돈 한 푼 없이 결혼한 뒤에 집 사고 애들 키우는 등 늘 마이너스 생활에 짜증만 나더라고. 미국으로 가게 되면서 가정경제를 완전히 바꿔야 되겠다고 생각했지. 그때 시중에 나온 경제 관련 책이란 책은 다 읽은 것 같아. 그런데 읽고 나니 결론은 하나더라. 가정경제도 목표가 있어야 한다는 거였지. 우리가 왜 공부할 때도 목표가 있으면 공부가 더 잘 됐던 것처럼 말이야. 그래서 책에서 힌트를 얻고 세 가지 바구니를 만들어서 살림을 바꿔 가기 시작했어."

그녀가 말한 세 가지 바구니는 언제 어떻게 생길지 모르는 일들을 대비한 비상금 바구니, 가정의 여러 재무 이벤트들을 위한 목돈 바구니, 앞으로 10~20년 후 노후 자금으로 쓸 은퇴 바구니였다. 돈이 돈을 버는 바구니를 만들었다는 것이다.

"처음엔 뻔한 월급으로 이것들을 다 쪼개서 마련하다 보니 허리가 휘었지. 그런데 너무 신기한 건 이게 된다는 거야. 더 좋은 건 안전장치가 있다는 생각이 드니까 마음의 여유가 생겨. 이렇게 어느 정도 목돈 바구니가 만들어지니까 돈이 돈을 벌어 주는 거야. 통장 볼 때마다 살 맛 난다니까. 얘들아, 그전까지는 남편이랑 싸우기도 무지 싸웠어. 왜 그렇게 능력이 없냐, 나라는 뭘 하는 거냐, 얼마나 불만이 많았는지 몰라. 그런데 결국 가정경제라는 건 가족 스스로 해결해야 할 문제더라고."

왁자지껄 친구들과 한바탕 수다를 떨고 나온 영희는 왠지 모를 투지가 솟았다. 친구 도지나에게 전화를 걸어 오후에 있었던 일을 말해 주자 도지나는 이렇게 말했다.

"야, 천하의 마영희도 못할 거 없잖아! 누구나 다 그렇게 시작하는 거야. 처음부터 재무 관리 잘하는 사람은 없어. 다 배우면서 실수도 하면서 차차 알아가는 거지."

그 말에 영희도 자신감을 얻었다.

"그래, 나라고 못할 게 어디 있어? 이제부터 시작이야."

그동안 자신이 너무 안일하게 살았던 건 아닌지, 후회가 밀려왔지만 영희는 친구의 말처럼 '못 할 거 없다.' '이제부터 잘하자'하는 의지가 솟았다.

변치 않는 투자자들의 원칙이 있다. '계란을 한 바구니에 담지 말라'는 것. 일반적으로 투자 대상은 주식과 부동산 그리고 금융 상품(보험, 채권) 세 가지로 나뉜다.

분산 투자를 하는 이유는 투자 위험을 최소화하기 위해서다. 그러나 돈이 되는 한 곳만 알고, 특히 목돈을 모두 투자하여 정작 써야 할 것을 제대로 쓰지 못하면 스트레스가 쌓이고 재정의 압박이 올 수 있다. 오히려 재무 목표를 세워 가정 형편에 맞는 바구니를 통해 돈이 돈을 버는 시스템을 만드는 것이 좋다. 자신의 바구니를 점검해 보자. 재무 목표 기간에 따라 각각 다양한 분야에 투자를 하는 것이 확실한 분산 투자다. 이렇게 해야 안정적으로 위험 관리를 할 수 있다. 중요하게 생각하는 가치관에 따라 바구니의 종류는 조금씩 다를 수 있다.

대개의 가정에서 필요한 바구니는 비상금 바구니(긴급 자금), 목돈 바구니(결혼, 주택, 자동차, 자녀 교육, 독립 자금), 은퇴 바구니(노후 자금)일 것이다. 형편이 좋다면 더 많은 바구니를 만들 수도 있다. 그러나 대부분의 가정에서는 이 세 가지면 충분하다.

세 바구니가 모두 중요하지만, 굳이 우선순위를 정하자면 비상금 바구니, 목돈 바구니, 은퇴 바구니 순이다. 그만큼 가정 살림에 있어 비상금, 즉 긴급 자금에 들어갈 바구니를 우선 마련하도록 한다.

1. 비상금 바구니

보험이 언제 다가올지 모를 미래의 위험에 대비하는 것처럼, 가정 경제도 언제 닥칠지 모를 긴급한 지출에 대비해야 한다. 그것이 바로 비상금 바구니, 긴급 예비 자금이다. 비상 예비 자금이 없다면, 생활비를 아껴 붓고 있던 적금을 깨야 한다든지, 대출을 통해 급한 불을 끌 수밖에 없게 된다.

이 바구니는 1년 예산을 세워 매달 정한 만큼 일정 금액을 CMA 통장에 적립시켜 놓는다. 매달 30만 원이 될 수도 있고 50만 원, 70만 원이 될 수도 있다. 금액을 가정의 형편에 따라 정하면 된다. 보통 연초에 1년간 비정기 지출 예산을 파악한 뒤 필요한 만큼 배분하는 게 좋다. 보통 수입의 10%를 적립하는 것이 좋다. 무엇보다 비상금 바구니는 마르지 않도록 하는 게 중요하다. 꺼내 쓴 만큼 반드시 채워 넣어야 한다.

2. 목돈 바구니

목돈 바구니는 가정의 여러 재무 이벤트에 맞춰 마련한다. 생각 같아선 목돈 바구니가 무조건 커서 자녀들의 대학 등록금도 해결하고 아이들의 독립 자금, 혹은 여행비 등에 척척 쓰면 좋겠지만, 현실은 그렇지 못하다. 빠듯한 살림일수록 최소한의 재무 이벤트에 맞춘 바구니를 마련해야 한다. 목돈 바구니를 마련하기 위해서는 먼저 재무 목표에 맞는 저축액을 정하고 강제로 그 금액을 떼어낸 다음 그 나머지로 생활해야 한다. 선저축 후소비 하는 습관이 생겨야 목돈 바구니를 채워갈 수 있다.

3. 은퇴 바구니

목표 자금에는 반드시 은퇴 바구니도 함께 준비해야 한다. 많은 이들이 은퇴 후의 삶을 막연하게 걱정한다. 실제로 100세 시대를 맞아 은퇴 후 시기는 짧게는 20년에서 길게는 40년 이상을 준비해야 해서 은퇴 바구니의 중요성이 더욱 부각되고 있다. 고령화에 대한 국가적인 차원의 대책도 미흡하고 복지 제도에도 한계가 있기 때문에 개개인이 은퇴 바구니를 한 해라도 빨리 준비하는 것이 최선일 수밖에 없다. 기간이 오래 걸리는 바구니인 만큼 공격적이면서 수익률을 높일 수 있는 상품을 선택해 운용하는 것이 좋다.

목돈과 은퇴 바구니는 재무 목표와 비율을 정해서 단기, 중기, 장기로 나눠서 저축하는 방식으로 준비한다.

단기 자금은 3년 이내로 원금 손실 없이 돈을 안정적으로 모을 수 있도록 한다. 예를 들어 은행 예금, 적금, CMA, MMF, MMDA 등의 상품에 투자해 결혼 자금, 자동차, 종잣돈 마련 등에 사용한다.

중기는 5~7년 이내로, 원금 손실을 보더라도 높은 수익을 위해 돈을 넣어 두는 것이다. 중기 자금을 위해 펀드, 주식, 부동산, ETF, ELS, 금, 채권 등의 상품에 투자하고 이렇게 마련한 중기 자금은 내 집 마련, 전세자금, 학자금 등에 사용하도록 한다.

장기는 10년 이상의 자금으로 보험사의 비과세 효과가 있는 상품을 선택하는 것이 좋다. 예를 들면 변액유니버셜, 변액연금, 저축성 보험 등이 대표적이다. 모인 자금은 노후 자금, 자녀 대학 자금, 자녀 독립 자금, 주택 구입비 등에 쓰도록 한다.

또한, 기간 별로 단기 40%, 중기 40%, 장기 20%로 배분하여 관리하는 것이 효과적이다. 그러나 가정의 재정 상태나 재무 목표에 따라 기간 별 비율을 조정해도 좋다.

가정경제에 있어 든든한 파트너가 될 비상금 바구니, 목돈 바구니, 은퇴 바구니가 준비되어 있어야 가정경제를 안정적으로 꾸려 나갈 수 있다.

chapter 07

빈곤의 악순환,
고리를 끊어라

 "어. 당신이야? 오늘 몇 시에 들어
와?"

"바로 못 갈 거야. 갑자기 약속이 생겨서."

"약속? 누구랑?"

"그, 그러니까⋯. 지만이가 보자는데."

"뭐? 지만이가? 걔가 또? 어디서 만나는 거야? 나도 나갈게. 걔
한테 말하지 마."

영희는 부랴부랴 둘이 만난다는 장소로 나갔다. 하나밖에 없는 남
동생이지만 요즘엔 웬수가 따로 없다. 사실 영희의 마이너스 통장
이 시작된 건 동생 지만이 때문이기도 했다. 되지도 않는 사업에 자
꾸만 손을 대는지, 몇 년 전에도 하도 급하게 500만 원만 빌려 달라

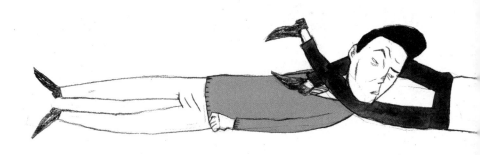

고 하는 통에 마이너스까지 내서 빌려 주었더니 몇 년이 지나도록 이자 한 푼 갚지 않았다. 그뿐인가, 자기 매형에게 슬쩍 받아 간 돈도 꽤 되었다.

'요즘 심기도 불편하고, 마음먹고 구조조정 하려는데 어디서 감히 태클을 걸어!'

영희는 주먹을 꼭 쥐고 카페에 앉았다. 잠시 뒤 퇴근하고 돌아온 남편도 영희의 기세에 눌려 물 잔만 들었다 났다 했다.

바로 그때 동생 지만이가 들어왔다. 신 나게 들어오다가 누나를 보자 움찔했다. 매형을 향한 원망의 표정이 가득했다.

"오랜만이다. 내가 나와서 많이 당황했나 보다. 왜? 무슨 말을 하려고 매형을 불러냈니?"

"그래, 차라리 잘됐어. 나도 매형한테만 얘기하려니 찜찜했어. 누나, 매형! 이번에 한 번만 좀 도와줘요. 이번에 1,000만 원만 빌려 줘요. 딱 사흘만 쓸게요. 며칠 후 돈 들어올 데가 있어요. 네?"

"휴."

영희 입에서 풍선 바람 빠지는 소리가 나왔다. 그 말을 정말 믿을 거라고 생각하는 걸까. 대체 동생은 돈을 뭘로 보는 건지 궁금했다.

"야! 참 기가 막히다. 너 몇 년 전에 빌려 간 돈이 500만 원이야. 기억이나 하니? 그건 어쩔 건데?"

"으응…. 갚을게. 이번에 1,000만 원 해 주면 사흘 뒤에 1,500만 원, 아니 이자까지 1,600만 원 갚을게."

이쯤 되니 남편이 더욱 안절부절못한다. 워낙 마음이 약하기도 하고 귀가 얇은 데다 매제에 대한 애틋함이 있던 남편은 영희를 설득했다.

"여보, 그러지 말고 도와줍시다. 딱 3일이라잖아. 그래도 자기 동생인데… 우리가 해 줍시다. 어차피 마이너스 인생인데 며칠만 더 쓴다고 달라질 것도 없고."

"매형. 역시 매형밖에 없어요."

영희는 속상했다. 서른두 살에 직장을 나와 사업한다고 뛰어다니던 동생은 사업에 손을 댄 이후 되는 일이 없었다. 안목도 부족하고 경험도 없는데다 자금력도 없으니 고전하는 게 어쩌면 당연한지도 모른다. 또 결혼해 고만고만한 아이들까지 키우느라 힘든 건 알지만 그래도 이건 누나로서 브레이크를 걸어야 했다.

"지만아, 정말 미안하다. 난 그 돈 못 줘. 빌려 줄 여력도 없어. 하지만 있어도 안 줘. 누나로서 충고하는데 그렇게 헛된 꿈만 좇아가면 안 돼."

그날의 만남은 그렇게 끝이 났다. 집으로 돌아오는 길, 남편 이정도는 처남을 빈손으로 보낸 것이 못내 가슴 아픈 듯 아내에게 원망 섞인 한마디를 건넸다.

"거, 그냥 좀 해 주지. 우리가 돈 1,000만 원에 죽나?"

그 한마디에 영희는 폭발했다.

"그래. 당장 죽지는 않겠지만 죽을 수도 있어. 당신 우리 집 자산이 얼만지, 부채가 얼만지 계산해 봤지? 앞으로 돈 들어갈 일만 남았는데 자꾸 빚만 지고 있다고 생각하니까 요즘엔 잠도 안 와. 이러다가 집까지 다 팔고 나앉는 건 아닌가 싶어. 그리고 당신이나 나나 아무 생각 없이 산 덕분에 경제가 무너졌잖아. 우리 집 빚이 얼만지 말해 줄까? 자그마치 1억 9,500만 원이라고! 변두리 아파트 한 채 값이야. 알기나 해?"

"부채도 재산이다."라고 말하는 이들이 있다. 물론 완전히 틀린 말은 아니다. 요즘 은행 금리가 낮다 보니 이를 이용해 돈을 빌려 다른 투자처를 찾아 은행 이자보다 높은 수익을 내려는 이들이 있다. 한마디로 위험을 감수한 투자를 하는 것이다. 그러나 투자금을 언제 회수할지 얼마나 이익을 낼 수 있을지는 아무도 모른다. 고수익 추구는 그에 따른 원금 손실의 위험이 크다.

가정경제에서 부채는 되도록 만들지 말아야 한다. 어쩔 수 없이 부채가 생겼다면 가능한 한 빨리 상환하는 방법을 찾아야 한다. 그렇지 않으면 빚이 주는 뼈저린 아픔을 경험하게 된다.

흔히들 복리의 기적을 체험하라고 한다. 이자에 이자가 붙는 복리야말로 돈 불리는 재미를 체험하게 해 준다. 그런데 복리는 빚에 대해서 죽음의 마술을 부린다. 그야말로 늪이 된다. 부채의 이자가 복리로 늘어나게 되면 가정경제는 손 쓸 수 없을 만큼 망가지는 것이다. 게다가 빚은 수입보다 두 배 이상으로 빠르게 증식하는 습성이 있다. 예금만 복리로 늘어나는 게 아니라 부채도 복리로 쌓인다. 빚은 빛의 속도로 늘어난다.

계속 비싼 이자를 내면서 언젠가는 집값이 오를 거란 헛된 기대, 무리해서 투자한 주식이 두 배 이상 뛸 거란 헛된 꿈이 부채를 계속 부르게 된다.

한 고객이 집 장만을 위해 무리해서 은행 대출을 받았다. 20년 상환이었지만 예기치 않게 15년 만에 권고사직을 당하게 된 고객은 계속해서 대출을 받을 수밖에 없었다. 은퇴 자금도 넉넉지 않은 상황에서 대출 이자까지 꼬박꼬박 들어가다 보니 결국 소액으로 나오는 국민연금까지 대출 이자로 내야 했다.

빈곤의 악순환은 빚에서 시작된다. 따라서 빚지기 쉬운 체질을 개선해야 한다. 앞서 자산과 부채에 대해 표를 작성했다면 이제는 부채에 대해 좀 더 자세한 데이터를 정리해 놓아야 한다. 다음의 표에 부채가 얼마나 있는지 적어서 부채에 대한 체감을 직접 느껴 보자.

■ 부채 체감하기 – 나의 부채는 얼마인가

대분류	중분류	내용	금액
금융기관 부채	담보대출	부동산 담보대출, 예금, 유가증권 담보대출 잔액	
	신용 대출	일반 신용 대출, 보증 대출 잔액 (마이너스 대출 포함)	
신용카드 관련 부채	일시불	추후 결제액	
	할부	무이자 할부 잔액	
		일반 할부 잔액	
	현금서비스	추후 결제액	
	카드론	원리금 분할 상환 카드론 잔액	
		만기 일시 상환 잔액(대출액)	
할부 부채	대출 전용 카드	대출 전용 카드 대출금 잔액	
	할부 금융	자동차, 가전 등 할부 금융 잔액	
	판매사 할부	자동차, 가진 등 판매사 할부 잔액	
	임직원 대출	현 직장 내 임직원 대출	
개인 부채	계 불입금	선순위 수령 시 잔여 계 불입금	
	일반 부채	친척, 친구 등에게 빌린 부채	
신용 부채	보증	타인 보증 섰을 때 보증액	
	마이너스 대출	자동 대출 약정액	
기타 부채	기타	각종 공과금, 벌과금, 미납액 등	
총 부채			

chapter 08

새는 돈, 모자란 돈,
아쉬운 돈

 "마영희 씨! 내일출판사예요. 오늘 디자인비 입금될 거예요."

"그래요? 네, 감사합니다."

"저희가 감사하죠. 아, 근데 바로 다른 작업 들어가실 수 있으세요? 좀 시일이 촉박한데 디자인 비용도 전에 비해 좀 낮아요."

만약 일주일 전의 마영희였다면 당연히 'No' 했을 것이다. 프리랜서 디자이너로서 지금까지 자존심으로 버텼던 그녀였다. 그러나 상황이 달라지지 않았는가. 셋째 아이 소식도 있고 재무 상담도 받은 후였다. 가정경제에 심각한 문제가 있다는 걸 알았기에 사실 한 푼이 아쉬웠다.

"좋습니다. 할게요."

영희는 그날부터 꼬박 컴퓨터 앞에 앉아 작업을 했다. 엄마로서 해야 할 기본적인 역할만 겨우 하면서 일주일을 버렸다. 중간 중간에 디자인 시안을 보내고, 수정하고 보완해야 할 부분은 고쳐 가며 그 언제보다 열심히 했다. 그렇게 일주일이 흐르고 마지막 디자인이 넘어갔을 때 영희는 '야호'를 외쳤다. 작업을 끝냈다는 기쁨도 있었지만 돈 문제만큼은 깔끔한 내일출판사에서 즉각 입금해 줄 것이기 때문이다.

띠링, 그 언제보다 반가운 문자 알림음이 들렸다. 예상대로 입금했다는 문자였다. 영희는 일주일 간격으로 두 건의 작업비를 받은 셈이다.

'와! 400만 원이나 생겼네. 하하하. 이 돈을 어쩌지?'

갑자기 부자가 된 것 같은 기분이 들었다. 사실 월급쟁이가 아닌 영희는 고정 수입이 없었다. 작업 의뢰를 받아야 그때그때 돈이 들어오는, 말 그대로 일용직이라는 생각에 본인이 번 돈은 가욋돈으로 생각했다.

"엄마! 나 옷 하나만 사 주라. 요즘 만날 똑같은 옷만 입는단 말이야."

"얘는…. 너처럼 옷 잘 입고 다니는 애가 어디 있어?"

"엄마, 이 딸이 연예인에 얼마나 관심이 많은지 엄마도 잘 알잖아. 연예인은 일단 옷발이 죽여 줘야 한다고."

"뭐어? 참, 기가 막혀서…."

영희는 그렇게 말하면서도 신기했다. 주미는 엄마 주머니 속에 돈이 있다는 것을 어떻게 아는지, 가욋돈이 생길 때면 해 달라는 것도 많다. 귀신도 놀랄 촉이 있는 것 같다.

'그래, 까짓거… 여유도 좀 생겼겠다, 우리 딸 옷 한 벌 해 줘야겠다.'

그렇게 마음먹고 있는데, 학원에서 돌아온 아들 녀석이 이번 시험을 망친 것 같다며 속상해한다. 예전부터 개인 과외를 받고 싶어 하는 눈치였기에 슬며시 과외를 붙여 줄까 물으니 냉큼 그러겠다고 한다.

'그래, 공부하겠다는데 해 주자. 남들은 땡빚을 내서라도 가르친다는데…. 딱 50만 원만 쓰고 나머지는 저축하자.'

오랜만에 저축을 해 볼 생각에 마음이 잔뜩 부풀었는데 헐레벌떡 퇴근한 남편이 비수를 꽂았다.

"여보! 여보! 우리 양도세! 당신이나 나나 까먹고 있었어. 이번 달 말까지 내야 한다더라고."

"아차! 양도세!!"

이번에 아파트를 옮기면서 양도세가 발생한 것을 잊고 있었다. 두 달의 여유 기간이 있던 터라 잊고 있다가 이제야 신고 날짜가 며칠 남지 않았다는 것을 알았다. 남편 말로는 한 400만 원이 나올 거라고 한다. 어쩌면 이렇게 가욋돈과 딱 맞아 떨어지는지.

"으이구, 이 인간! 그걸 까먹고 있으면 어떡해. 400만 원? 아휴, 그 돈이 어떤 돈인데…."

영희는 갑자기 화가 치밀었다. 날짜 까먹은 남편도 미웠고 쓸데없이 재테크 바람이 들어 1가구 2주택이 되는 바람에 양도세까지 물어야 하는 상황에 화가 났다. 남편과 함께 저지른 일이지만 400만 원이 그렇게 들어가야 한다니 잠도 오지 않았다.

'아, 내 돈 400만 원! 제대로 먹을 거 하나 사 먹지도 못하고 이렇게 허공으로 날아가다니….'

영희는 생각했다. 아무래도 자신의 주머니엔 단단히 구멍이 난 것 같았다. 그렇지 않고서야 어쩜 이렇게 돈이 줄줄 샐까. 영희는 답답한 마음에 대체 돈을 어디에 얼마나 쓰는지 표를 만들어 보았다.

■ 이정도 · 마영희 부부의 현금 흐름표

비소비성 지출		180만 2,000원
○○ 저축보험	15만 원	80만 원
연금저축보험	20만 원	
개인언금보험	25만 원	
변액유니버셜보험	20만 원	
주택 담보대출 상환	72만 7,000원	100만 2,000원
마이너스 이자	11만 7,000원	
카드론 이자	15만 8,000원	
소비성 지출		535만 3,000원
주 · 부식 · 외식비 (대형마트 4회, 동네마트 8회, 외식 2회)		120만 원
관리비(아파트 관리비)		20만 원
주유/통신 (주유 4회, 34요금제×4 = 13만 6,000)		56만 원
교육비 (학습지, 과외, 학원비, 미술)		145만 원
각종 회비, 운동(체육센터, 헬스, 요가)		13만 원

남편 용돈	40만 원
아내, 자녀 용돈	20만 원
보장성 보험	52만 8,000원
비정기 지출 (친구 아기 돌잔치 5만, 독감 접종 3만 9,000원, 재산세 32 만, 행복빌라 누수 진단금 3만, 형제계 5만, 주미 옷 4만 6,000원, 어머님 생신 10만, 세진 학부모 모임 회비 5만)	68만 5,000원
수입	**550만 원**
지출	**715만 5,000원**
월 잉여 자금	**−165만 5,000원**

많은 사람들이 잘못 생각하는 것이 있다. 수입이 늘어나면 그만큼 저축도 늘어날 거라 생각하는 것이다. 인센티브나 보너스를 받으면 그 돈은 부수입이라고 생각해서 바로 저축할 수 있을 것 같지만, 결코 그렇지 않다. 수입이 두 배로 늘면 지출도 두 배로 늘어나게 되어 있다. 가욋돈이 생기면 가욋돈이 나갈 일이 생기게 된다.

이 불편한 진실을 어떻게 해결해야 할까. 먼저 줄줄 새는 돈의 근원지를 파악하는 게 중요하다. 집 안에 새고 있는 누수 자금은 없는지 점검하고 누수 자금을 발견했다면 단단히 막는 공사를 해야 한다.

누수 자금을 들여다보기 위해서는 한 달 소비는 얼마나 되는지, 소득에 비례하여 얼마나 쓰는지 알아야 하는데, 이를 위해 가계 지출 현금 흐름표를 작성해 보는 것이 좋다. 마영희, 이정도 가정의 재무 상태는 우리나라 30~40대 가정의 현주소일 것이다. 물론 정도의 차이는 있겠으나, 일반적으로 주택을 보유하고 있는 가정이라면 대부분 주택 담보대출은 거의 옵션이다.

마영희 가정의 현금 흐름표에 따라 이 가정이 얼마나 마이너스 생활을 하고 있는지, 어디서 누수 자금이 생기는지 알아보도록 하자. 마영희 부부의 재무상태표에 의하면 이 가정의 가장 큰 문제는 사교육비 지출과 부채 비용이 높다는 것이다. 특히 부채 비용에 있어서, 부동산과 금융 자산 등을 합산한 것이 총자산 5억 2,248만 원 가운데 1억 9,500만 원으로 38%에 가깝다.

■ 이정도 · 마영희 부부의 부채 현황과 현재 월 상환액

소유자	금융기관	상품명	이자	잔액	상환방법	월 상환액	상환기간
남편	은행	담보대출	4%	1억 2,000만 원	원리금 균등 상환	72만 7,000원	20년
	카드사		19%	1,000만 원		15만 8,000원	1년
아내	은행	마이너스	7%	2,000만 원		11만 7,000원	수시
		전세 보증금		4,500만 원			만기 2년
합계 : 1억 9,500만 원(총자산의 37.32%)						100만 2,000원	

가정의 부채 규모는 어느 정도가 적당할까? 가계 총자산 대비 20% 정도다. 최대 36%를 초과하지 않는 것이 바람직하다. 만약 가계 총자산이 3억이라면 6,000만 원이 적정선이고 최대 1억 800만 원을 넘지 말아야 한다.

마영희 가정의 경우 자산 대비 부채 비율이 너무 높다. 자산에 비해 부채가 거의 38%에 가까운 위험한 상태다.

부채 상환 외에 또 하나 문제는 소득과 지출이 균형을 이루지 못하는 것이다. 지출이 소득을 초과하는 상태다. 이것은 지출에 큰 누수 자금이 발생하고 있다는 것을 의미한다. 부채 비율이 지나치게 높고 수입보다 지출이 많아 매달 부채에 대한 부담은 커질 수밖에 없다. 매달 165만 원씩 마이너스가 되는 상태를 계속 유지한다면 마이너스 통장이 3,000만 원, 4,000만 원으로 불어나는 건 시간문제다.

반드시 조정을 해 마이너스에 벗어나야 한다. 빚의 복리는 무섭다. 마이너스는 계속 더 큰 마이너스를 불러온다.

그렇다면 이 가정은 현금 흐름이 왜 마이너스일까? 어디서 돈이 새고 있는 것일까? 월 고정 지출 내역을 살펴보면 지나치게 편중된 부분이 있다. 보험과 교육비, 비정기 지출이다. 그렇다면 보험료는 어느 정도가 적당할까? 보장성 보험의 경우 월 소득의 8~10%다. 평균적인 보험료는 20대는 5~7만 원, 30대는 8~10만 원, 40대는 10~15만 원 정도가 적당하다. 40대인 마영희 가정의 4인 가족 보험료는 30여만 원 정도가 적당하다. 그런데 이들 가정의 현재 보험료는 53여만 원으로 월 소득의 10%다. 비용이 지나치게 높은 편은 아니지만, 보험료 대비 보장 부분이 먼저 개선되어야 한다는 문제를 안고 있다. 또한, 부채와 생활비 비율이 높다는 재무 상황을 고려할 때 보험료 비용을 줄이는 것이 좋다.

또한, 고정 지출에서 교육비가 차지하는 비중도 높다. 비정기 지출(세금, 각종 경조사비, 의류 구입, 의료비 등)도 과다해 전체적으로 지출 구조가 균형을 잃었다. 이 경우, 우선적으로 월 생활비 지출 내역을 살펴보고 마이너스 된 부분을 어떻게 조정할 수 있을지 생각해 보는 것이 중요하다.

다음의 표는 마영희 가정의 월 생활비 지출 내역으로 누수 자금을 찾아 무리하지 않은 선에서 지출을 조정해 본 표다. 또한 각종 지출을 줄여 저축할 수 있는 자금을 정리했다.

■ 이정도 · 마영희 부부의 월 생활비 지출 내역과 누수 자금

	지출	조정 전	비율 (수입 대비)	조정 후	평가
소비성 지출	주 · 부식 외식비	120만 원	22% → 18%	100만 원	• 대형 마트 가는 횟수 줄이기. • 외식비 줄이기.
	관리비	20만 원	4%	20만 원	
월 잉여 자금	주유/통신	56만 원	10% → 7%	36만 원	• 자가용을 이용하는 횟수를 줄이고, 대중교통을 자주 이용하거나, 통신료는 요금제를 선택해서 비용을 줄여 가는 것이 효과적임.
	교육비	145만 원	26% → 17%	94만 원	• 사교육비 조정 필요.
	각종 회비/운동	13만 원	2%	13만 원	
	남편 용돈	40만 원	7% → 6%	35만 원	• 5만 원 삭감.
	아내, 자녀 용돈	20만 원	4% → 3%	15만 원	• 5만 원 삭감.
	보장성 보험	52만 8,000원	10% → 6%	35만 원	• 두 부부 보험 조정과 늦둥이 태아 보험 가입 필요.
	연간 비정기 지출 (경조사, 의료 등)	68만 5,000원	12% → 9%	50만 원	• 의류비, 명절, 생신, 기념일 비용을 줄이고 늦둥이가 태어나면 예방 접종 등 지출이 늘어날 것을 감안, 기타 비용을 보완토록 함.
지출 합계		535만 3,000원	97% → 72%	398만 원	• 수입과 지출 밸런스 유지. • 조정 전 지출 수입 대비 130% 과다 지출로 마이너스 발생.
월 잉여 자금		14만 7,000원	130% 과다 지출	152만 원	

■ 대출 이자와 월 저축 필요 자금

지출		조정 전	비율 (수입 대비)	조정 후	평가
비소비성 지출	저축	80만 원	15% → 20%	112만 원	• 재무 목표에 따른 저축 필요.
	주택 대출 상환	100만 2,000원	18% → 16%	90만 원	• 고금리 대출 상환 후, 원 리금균등 상환을 원금 균등 상환 대출로 전환. • 수입 대비 저축 여력이 33%에서 조정 후 37%로 변경
합계		180만 2,000원		202만 원	• 소득 창출에 대한 재무설 계 필요.
한달 마이너스 금액	(월잉여− 합계)	(147−1,802) = −165만5,000원		(1,520−2,020) = −50만 원	• 50만 원은 투자용 빌라 를 월세로 전환하는 방 법 등으로 보완 예정.

가정경제가 마이너스가 되면 아주 위험한 신호다. 어디선가 돈이 줄줄 새고 있다는 것이다.

왜 우리 집은 버는 것에 비해 많이 쓰는지, 돈은 버는 것 같은데 왜 모이지 않는지 고민해보아야 한다. 가계 지표가 마이너스라면 가정의 재무상태표를 확인해 가며 부채 비율이 너무 높지 않은지, 고정 지출이 많은 건 아닌지, 자신의 경제 상황과 맞지 않는 금융 상품에 투자하고 있는 건 아닌지, 보장성 보험을 중복 가입해 보험료가 많이 나가고 있는지 살펴보아야 한다. 만약 무엇을 어떻게 해야 할지 모른다면 전문가의 도움을 받아 보자.

Part 2

마녀, 돈이 궁금하다

chapter 01

혹시, 당신도
금융 문맹인?

 엘리베이터 안에 사람들이 가득 찼다.

"안녕하세요. 몇 층이시죠?"

"네, 15층입니다. 감사합니다."

이사 온 지 얼마 안 된 영희는 사람들과 어색한 인사를 나누었다. 마침 앞에서 딸 주미를 만나서 그나마 나았다. 딱히 사람들과 나눌 말도 없어서 한쪽 벽면에 붙은 모니터만 쳐다보았다. 여러 정보들이 모니터에서 쏟아지고 있었다. 입맛 돋우는 음식 소개부터 여행지, 그러다가 경제 상식, 시사 상식까지 나왔다. 엘리베이터 안에 있는 사람들이 모니터에 눈길을 주고 있는데 주미가 톡 나서더니 물었다.

"엄마! 하우스푸어, 에듀푸어가 뭐야?"

갑작스런 딸의 질문에 영희는 정신이 번쩍 들었다. 순간 위기를 모면할 생각으로 모니터에 재빨리 눈을 돌렸는데 마침 그것에 대해 설명하던 화면이 스윽 지나가고 말았다.

"하우스푸어? 에듀푸어? 방금 뭐라고 했더라? 많이 들어본 말인데….'

엘리베이터 안의 기류는 이미 심상치 않았다. 사람들 모두 영희와 주미 모녀간의 문답을 기대하고 있는 표정이었다. 무식한 엄마로 찍히는 건 죽도록 싫었던 영희, 온갖 기억을 짜냈지만 알 듯 말 듯했다. 그러나 영희가 누군가? 임기응변의 달인 아니던가. 영희는 일단 '주의 환기' 작전을 썼다.

"아까 화면에서 나왔을 때 안 읽어 봤어? 그거 경제 용어잖아. 5학년 사회 과목에서 경제활동에 대해 배웠잖아. 선생님이 얘기해 주셨을 법도 한데. 너, 수업 제내로 듣기나 한 거야?"

"엄마, 나 열심히 공부했단 말이야. 생각나지 않을 수도 있지 뭐."

"그래, 그럴 수도 있어. 그럼 확실히 생각날 수 있도록 하는 게 좋겠지? 엄마 생각엔 네가 직접 알아보는 게 가장 확실한 방법인 것 같다."

"쳇! 알았어."

핑동. 그러는 사이 엘리베이터는 15층에 도착했다. 문이 열리자 영희는 쫓기듯 서둘러 내렸다. 엘리베이터 안에 있는 사람들은 영희가 진짜 그것을 몰랐을 거라 생각하지 않았을 것이었다. 영희는 재빨리 문을 열고 들어가 컴퓨터 방으로 향했다.

"엄마! 나 간식 줘."

"어 잠깐! 엄마 메일 좀 확인할 게 있어서."

그러곤 잽싸게 컴퓨터를 열어 하우스푸어, 에듀푸어를 검색했다. 상식도 모르는 엄마가 되고 싶지 않았기 때문이다. 부리나케 클릭 해 가며 지식을 검색해 나가던 영희, 용어에 대해 알아갈수록 클릭하는 손길이 점점 느슨해졌다.

"뭐야? 하우스푸어… 빚을 안고 사는 집? 이게 우리 집 얘기였어?"

혹시 당신도 금융 문맹인?

'IT 강국', '경제 강국'이라고 하지만 금융에 대해서는 깜깜한 사람들이 많다. 특히 주부들이 그렇다. 주부에게 금융 분야는 그리 친숙하지 않다. 금융 하면 은행만 떠올리는 게 고작이다.

미국의 앨런 그린스펀 전 연방준비제도이사회 의장은 "문맹은 생활을 불편하게 할 뿐이지만 금융 문맹은 생존을 불가능하게 해서 더 무섭다"는 말을 했다. 금융 문맹이 그만큼 위험하다는 뜻이다.

금융 문맹은 큰 피해를 가져온다. 기업이 금융을 모르면 무너질 수 있다. 2008년 환율 변동의 위험을 없애 주는 상품이라는 외환 파생 상품을 은행이 중소기업에 판매했다. 그런데 많은 기업들이 이에 대해 제대로 알아보지 않고 은행 말만 믿고 그 상품을 샀다가 결과적으로 큰 손실을 입은 일이 있었다.

그뿐 아니다. 저축은행 사태 역시 금융 지식이 빈약한 노인 고객이나 주부들을 상대로 후순위 채권이라는 상품을 판매하여 손해를 입혔던 사건이다. 물론 이런 피해는 금융 감독이 금융 소비자를 보호하지 못해 발생한 일이다. 하지만 금융 상품을 제대로 알지 못한 고객들에게도 책임은 있다.

최근 들어 가계 부채도 금융 문맹의 심각성을 드러내는 부분이다. 개인의 금융 문맹도 심각하다. 한 대학생은 등록금 마련을 위해 대부업체를 통해 수백만 원의 돈을 빌렸다가 그 돈을 갚지 못해 개인 워크아웃을 신청하게 되었다. 금융이나 신용이란 개념을 배운 적이 없어 대출과 연체 이자의 무서움을 몰랐다고 한다.

금융 문맹은 부채뿐 아니라 금융 사기에도 노출시킨다. 실제 한국투자자보호재단이 2012년 12월에 실시한 설문조사에 따르면 전체 응답자의 21%가 금융 사기를 당해 본 적이 있다고 대답했다. 또한, 응답자 중 금융 교육을 받은 사람은 8%에 불과했다고 한다.

이처럼 금융 문맹은 경제생활을 어렵게 하고 큰 피해를 준다. 금융에 대한 습득 방법은 다양하다. 인터넷 사이트를 이용해 공부하는 것이 일반적이다. 금융 교육 콘텐츠를 볼 수 있도록 한 금융 교육 종합 포털 사이트도 있다. 바로 '금융e랑' 사이트다(www.금융e랑.kr). 여러 문화 센터나 지자체에서도 금융 관련 정보를 가르쳐 주고 있다. 경제 신문을 꾸준히 보는 것도 좋은 방법이다. 경제 신문은 다양한 재테크 분야에 관한 트렌드를 분석하고 돈의 흐름을 알려 준다.

또한 생활 금융 교육, 신용 관리, 최근 들어 급증하는 금융 사기에 대한 예방 교육 등 생활에 필요한 것을 알아 두어야 한다.

그리고 경제 관련 카페에 가입해 활동한다. 카페나 블로그 운영자 중에는 전문가 수준을 뛰어넘는 똑똑한 사람들이 많다. 원론적인 지식에서 벗어난 직접 경험한 산지식을 만날 수도 있다. 비슷한 환경과 관심사를 가진 사람들이 모인 곳이라 유대감도 강하고 이들과의 교류로 정보도 자연스럽게 습득할 수 있다.

또 이해하지 못하는 경제 용어를 만나면 그냥 넘어가지 않도록 한다. 금융 상품에 가입하거나 신문을 볼 때 어려운 경제 용어가 나오면 그 뜻을 찾아본다. 손 안에 있는 스마트 폰으로 바로 검색해서 그 뜻을 알아보자. TV 뉴스나 시사 프로에서 자주 거론되는 경제 이슈에도 관심을 갖는 자세가 필요하다.

금융에 관한 정부의 정책이나 제도 등도 알아야 한다. 엄마들은 제도나 정책에 대해 별로 관심이 없다. 나라에서 세법을 바꾸거나 금융 관련 정책을 발표하면 연예인 가십 거리만큼도 관심을 보이지 않는다. 연예인 사생활은 나와 아무 상관이 없지만 금융 정책 변화는 내 가계부에 바로 영향을 준다는 점에서 매우 중요하는 점을 기억해야 할 것이다.

chapter 02

대체 돈…
이 뭐길래?

 '김진희 외조모 부고 – 영등포 ○○
장례식장'

'나원길 부친 부고 – 영등포 ○○장례식장'

두 시간 간격으로 부고 소식이 들어왔다. 신기하게도 두 친구 모두
장례식장이 같은 곳이었다. 쇠뿔도 단김에 뺀다는 생각에 영희는 서
둘러 장례식장으로 향했다. 그래도 같은 곳에서 두 친구를 볼 수 있
으니 그것을 위안으로 삼자며.

세 아이의 엄마가 된 진희는 영희의 중학교 친구다. 중학교 시절
진희네 집에 놀러 가면 정정하신 외할머니가 맞아 주시곤 했는데 그
분이 92세의 생을 마치고 하늘나라로 가신 것이다. 중학교 시절 친
구들이 모여 진희를 위로해 주었는데 진희는 호상이라며 평온한 표

정을 지었다.

"그나저나, 얘들아 고마워. 외할머니 장례까지 와 주고. 우리 짠순이 할머니가 좋아하시겠다. 아휴. 내 친구들한테 용돈이나 듬뿍 주고 가시지."

"그게 무슨 소리야?"

"우리 할머니 말이야. 글쎄 당신이 모아 놓은 돈 다 가져가려고 그랬는지 장판 속에 돈을 다 넣어 두고 가셨다는 거 아니니."

"뭐? 아니 왜?"

"몰라. 은행도 못 믿으셨나 봐. 돌아가시기 얼마 전에 당신이 깔고 있는 장판을 들어 올렸는데 거기에 만 원짜리 지폐가 가득 있었단다. 죽으면 가져갈 돈도 아닌데 대체 우리 할머니한테 돈은 뭘까?"

진희는 한참 동안 할머니의 재산에 대해 이야기를 했다. 영희 역시 많은 생각을 하며 부친의 부고를 맞은 다른 친구의 장례식장으로 향했다.

초등학교 동창인 원길이, 같은 교회를 다니며 친하게 지낸 친구로 어린 시절 영희가 많이 부러워했던 친구였다. 원길이네 집은 늘 앞서갔다. 어린 시절 보기 힘들었던 50인치 TV가 놓여 있었고 도시락 반찬은 늘 왕새우 튀김이었다. 어린 시절 영희는 원길이네로 시집가면 좋겠다는 생각도 했었다. 왕대문짝만 한 TV를 보고, 먹고 싶은 것도 실컷 먹고 싶단 생각에서다.

아버지를 잃은 원길이는 많이 슬퍼하고 있었다. 서글피 우는 그 친구를 보며 마음이 짠해 있는데 조문객들의 나지막한 대화가 들려왔다.

"쯧쯧. 나 사장, 이제 어쩌나. 그렇게 믿고 도와주던 아버지가 덜컥 돌아가셨으니."

"그러게 말이야. 생전에 떵떵거리면서 꽤나 잘나갔잖아. 그런데 그 자금이 아버지가 다 빚 얻어다가 밀어준 돈이었다던데?"

"그렇다나 봐. 천년만년 살 줄 알고 자식 사업 밀어줬는데 덜컥 저세상 가 버렸으니 결국 빚을 유산으로 남겨 준 셈이네."

영희는 그들의 대화로 친구가 어떤 상황인지 짐작할 수 있었다. 아버지 영정 사진을 바라보며 하염없이 눈물을 흘리는 친구를 뒤로 하고 돌아오면서 영희는 과연 고인이 남기고 간 돈의 의미가 무엇인지 생각했다. 아까워서 돈 한 푼 제대로 쓰지도 않고 숨겨 둔 채 돌아가신 친구의 할머니, 돈을 너무 쉽게 생각하여 빚까지 떠안기고 생을 마감한 친구의 아버지, 그들에게 돈은 무엇일까. 우린 왜 돈을 중요하게 생각하는 것일까. 나에게 있어 돈은 무엇일까? 이런 물음이 영희의 생각을 사로잡았다.

사람들은 부자가 되고 싶어 한다. "부자란 어떤 사람이라고 생각합니까?"라고 물으면 그저 "돈이 많은 사람이요."라고 대답한다. 그렇다면 얼마나 돈이 있어야 돈이 많은 것일까? 그 기준은 사람마다 다르다. 수중에 1,000만 원만 있어도 만족하는 사람이 있고 10억대의 현금이 있어도 부족하다고 생각하는 사람이 있다. 그러므로 객관적으로 누가 부자인지를 평가할 수 없다. 대신 부자의 의미를 다르게 해석해 보면 어떨까? 주부들이 상대적으로 가난하다고 느끼는 순간은 언제일까? 지금 당장 전셋값 3,000만 원을 올려 줘야 하는데 그 돈이 없을 때, 자녀의 대학 등록금이 없어 동분서주할 때 가난하다고 느낀다. 당장 필요한 돈만 마련된다면 만족감을 느낀다.

이처럼 부자란 절대적인 가치가 있는 것이 아니다. 그저 자신의 형편과 상황에서 필요한 만큼의 돈이 마련되었을 때가 부자인 것이다. 이런 개념으로 가정경제에 접근한다면 부에 대한 상대적 박탈감은 줄어들 수 있다.

가정경제를 잘 이끌어 가고 싶다면 먼저 생각할 것이 있다. 주인공 영희가 주변인의 죽음을 통해 돈이란 무엇인지 생각했던 것처럼 돈의 가치에 대해 생각해 보는 것이다.

재무 상담을 하다 보면 많은 사람이 돈을 어떻게 모아야 할지 즉, 'HOW TO'에 초점을 맞춘다. 그보다는 돈을 왜 모아야 하는지, 'WHY'를 먼저 생각해야 한다. 돈을 왜 모으고 싶은지 생각하는 것은 돈의 가치를 묻는 것과 같다.

흔히 돈은 수단이고 도구에 불과하지 목적이 되어서는 안 된다고들 한다. 돈이 목적이 될 때 각종 위험과 문제가 따르기 때문이다. 인생의 목표와 가치를 먼저 세워 나갈 때 그 삶이 꿈과 희망을 찾아가듯 돈도 그 가치를 찾아야 자연히 목표와 방법, 유익을 찾게 된다.

고객과 재무 상담을 할 때 필자 역시 "돈이 왜 소중하세요?"라고 묻는다. 그때 반응은 비슷하다. 돈이 누구에게나 소중한 건 당연한 것이 아니냐는 표정으로 당황해한다. 잠시 후 그들 입에서 나오는 대답은 다양한 것 같으면서도 한결같다.

"애들 등록금 걱정 없이 대학 다니게 해 주려고요."

"좀 편하게 살려고요."

"남편한테 큰소리치면서 살고 싶어서요."

"빚 없이 좀 살아 보고 싶어요."

"하고 싶은 거 다 하면서 살고 싶어요."

다양한 대답이지만 그들이 원하는 건 하나다. 자신이 뭔가를 원할 때 돈에 구애받지 않고 원하는 일을 하고 싶은 것이다.

그런데 겉으로 드러나는 그 이유가 돈의 가치는 아니다. 돈의 가치를 찾아가는 작업은 왜 돈이 나에게 소중한지 물었을 때 나오는 이유들을 더 깊숙이 파고들어야 한다.

가령 빚 없이 살고 싶다면 다음과 같이 질문을 계속 해 보자.

"빚이 없으면 어떤 점이 좋을까?"

"빚이 없으면 빚을 갚아야 한다는 부담감도 덜고 대신 그 돈으로 더 안정된 가정경제를 꾸릴 수 있기 때문이다."

"안정된 삶은 어떤 것일까?"

"돈에 대해 구속받지 않는 것이다."

"구속을 받지 않게 되면 무엇을 하고 싶은가?"

"가족들과 더 많은 시간을 보내며 살고 싶다."

"가족과 더 많은 시간을 보낼 수 있다면 어떤 유익이 있을까?"

"우리 가족 모두 행복하고 평안해지고 그 마음으로 남을 도울 수 있을 것이다."

이런 식으로 돈의 가치를 생각하는 것이다. 계속 질문을 하다 보면 단순히 돈을 벌어야 하는 이유를 벗어나 더 높은 수준의 가치를 찾아낼 수 있다.

가정경제의 새 출발을 원하는 엄마라면 왜 돈을 벌어야 하는지, 그 돈이 왜 소중한지 돈의 가치를 생각해 보길 바란다. 당신은 돈의 가치에 대해 어떻게 생각하고 있는가?

chapter 03

행복한 부자가 되는
목표 세우기

 "세진이 어머니! 아들 참 잘 두셨어
요. 세진이는 아직 중학교 2학년밖에 안 됐는데 앞으로 하고 싶은 공
부에 대해서도 정확히 목표가 잡혀 있는 데다 학업 목표도 분명히 정
해 두고 공부를 하더라고요."

"어머, 그래요?"

"어머니가 무척 계획적이신가 봐요. 아이들은 부모님 따라간다더
니…. 정말 부러워요."

선생님에게 아들 칭찬을 받고 돌아서니 영희 어깨가 저절로 으쓱
해졌다. 집에 오니 세진이가 학교에서 돌아와 있었다.

"아들~ 오늘 학원비 내러 학원에 갔다 왔는데 선생님이 너 칭찬하
시더라. 자기 주도적으로 공부하는 아이라고. 엄마한테 아들 잘 됐

다고 하더라. 호호호."

"엄마! 근데 저 그 학원 그만 다니고 싶어요. 과외하면 학원 공부까지 하기 힘들어요. 과외 시작하면 어떻게 공부할지 이미 스케줄도 짜 놨거든요."

"과…외? 맞다. 너 과외하고 싶다고 했지?"

순간 영희는 뜨끔했다. 지난번 디자인 외주 비용을 받고 과외를 약속했는데, 갑자기 양도세로 돈이 몽땅 들어가는 바람에 과외는 뒷전으로 밀려났던 것. 돈이 없으니 과외를 포기하라고 말할 수도 없는일, 아이는 이미 어떻게 공부할지 계획까지 짰다는데 엄마는 아무런계획도 세우지 못한 셈이다.

우물쭈물하는데 아들 녀석이 결정타를 날렸다.

"엄마! 학원비랑 과외비랑 그렇게 비용 차이가 없어요. 한 5만 원차이가 나니까. 제가 1년간 과외를 받는다고 하면 60만 원 더 들어가는 거예요. 혹시 돈이 부족하시면 그동안 세뱃돈 모아 놓은 통장 있잖아요. 거기서 쓰세요."

"야! 아냐 아냐. 너희들 공부할 돈은 이미 다 해 놨어. 걱정 마. 늬들은 공부만 열심히 하면 돼."

큰소리를 쳤지만 영희는 지금껏 계획 없이 살림을 하고 있던 자신에게 화가 났다. 옳은 소리만 골라서 하는 아들 녀석이 얄미우면서도 왠지 찔리는 기분이 들었다. 목표나 계획 없이 돈을 쓰다 보니 이런 일이 생긴 듯했다.

그날 밤 영희는 남편과 함께 앞으로 써야 할 돈에 대해 진지하게 의논해 보았다. 1년 후 셋째 힘찬이의 출산 자금 및 양육비, 5년 후 세진이 대학 입학, 8년 후 주미 대학 입학, 15년 후 세진이 결혼, 주미 결혼, 18년 후 은퇴 후 노후 대책 등이었다. 그 자금을 마련하기 위해 또 머리를 맞대야 했지만 일단 그렇게라도 목표를 정하니 가야 할 길이 조금 보이는 것 같았다.

❖ ❖ ❖

다음은 주인공 마영희 · 이정도 부부가 세운 재무 목표다.

■이정도 · 마영희 부부의 재무 목표와 필요 자금

	재무 목표	목표 시점	준비 기간(년)	가장의 나이	필요 자금 (현재 가치)	미래 가치	비고
1	긴급 예비 자금	수시	수시	45세	500만 원		
2	출산 예비비	2014년 9월	9개월	46세	300만 원		늦둥이 출산
3	자동차 구입	2016년 12월	3년	48세	2천만 원	2,390만 원	
4	세진 교육 자금	2018년 3월	5년	50세	4천만 원	5,109만 원	한 자녀 당 4년 기준
5	주미 교육 자금	2021년 3월	8년	53세	4천만 원	6,850만 원	
6	세진 독립 자금	2028년 5월	15년	60세	1억 원	1억 5,648만 원	남자 1억 원 여자 5천만 원 (통계청 자료)
7	주미 독립 자금	2031년 5월	18년	63세	1억 원	1억 7,224만 원	
8	늦둥이 교육 자금	2041년	20년	65세	4천만 원	1억 2,244만 원	
9	늦둥이 독립 자금	2041년	30년	75세	1억 원	2억 5,282만 원	
10	은퇴 자금	2028년 2월	15년	60세	9억 원	14억 5,410만 원	월 300만 원 (기대 여명 85세)

(물가상승률은 3.3%, 교육비상승률은 6%로 적용)

살아가면서 재무 이벤트는 계속 생기기 마련이다. 미리 계획하고 필요한 자금을 준비하면, 여유롭게 여러 이벤트를 치를 것이다.

고객에게 재무 목표가 무엇이냐고 물으면 '그저 가족 건강하고 행복하게 사는 것'이라는 추상적인 답을 내놓는다. 그러나 목표는 뚜렷하고 구체적이어야 한다.

'내년에는 부자가 되고 싶다.'라는 재무 목표는 좋은 목표가 아니다. 뭉뚱그린 목표가 아닌 구체적인 목표라야 한다.

'앞으로 3년 안에 매달 총수입의 20%를 저축하여 3년 안에 2,500만 원을 마련한다. 또한, 20년 뒤 은퇴 자금으로 매달 수입의 10% 이상을 저축하여 20년 뒤 매달 고정적인 수입원을 마련한다.'

또 다른 재무 목표를 들여다보자.

'앞으로 1년 안에 카드빚을 다 갚을 것이다. 그때까지는 신용카드를 쓰지 않고 오직 체크카드를 사용할 것이다. 특히 홈쇼핑은 절대 하지 않고 물건을 살 때는 반드시 세 번 이상 생각한다. 10만 원이 넘는 물건은 바로 사지 않는다.'

이처럼 구체적이고 실천할 수 있는 것이어야 하니 재무 목표를 세울 땐 가정 형편에 고려해야 한다. 한 달 수입이 200만 원 미만인 4인 가정에서 매달 50만 원 이상을 저축하는 것은 실현하기 어려운 목표다.

재무 목표를 세울 때는 재무 이벤트들을 구체적으로 파악해 본다. 단기적으로 필요한 자금부터 중장기적으로 필요한 재무 부분까지 목표에 넣고 준비해야 한다.

현실적인 재무 목표를 잡아 슬로건을 정하면 목표를 달성하기 위한 구체적인 계획을 세워야 한다. 예를 들어 3년 안에 2,000만 원을 모으려면 한 달에 얼마를 저축해야 하며 그 돈을 마련하기 위해서는 어떤 소비를 줄여야 할지 알아야 한다. 만약 부채를 줄이겠다는 계획을 세웠다면 여러 부채 중 어떤 부채부터 먼저 갚을지, 얼마씩 갚아야 하는지 정하도록 한다.

재무 목표는 한 번 세우는 것으로 끝나지 않는다. 재무 이벤트들이 달성될 수 있도록 꾸준히 관심을 갖고 잘 하고 있는지 매년 정기적인 리뷰가 필요하다. 또한, 재무 목표는 글로 써서 눈에 보이는 곳에 붙여 두고 자주 확인하는 것이 좋다.

chapter 04

돈 앞에서
체면 따위는 버려라

 "어서 오세요. 반가워요. 거의 1년

만인가요?"

"그러게요. 잘 지내셨죠?"

영희 부부가 약속 장소에 도착하니 다른 부부들은 이미 도착해 있
었다. 남편 대학 동기들의 부부 모임은 연례행사기도 했다. 사실 영
희는 이 모임에 올 때마다 신경이 쓰였다. 이제 40대 중반에 들어선
남편의 친구들은 자신이 속한 조직에서 중진이 되었다. 그러니 아내
가 된 입장에서 남들에게 '있어 보이는' 것은 힘들더라도 뒤처져 보
이는 것은 용납하기 어려웠다.

"주미 엄마! 이번에 좋은 소식 있던데? 새로 옮긴 아파트 좋아요?
주미네 은근 부자야."

"진짜? 어디에 샀는데요? 몇 평? 가만… 주미네 집 한 채 더 있지 않나?"

"어머 어머! 집이 두 채나 있어? 와, 부럽다."

소문은 빨랐고 그녀들의 기억력은 참으로 좋았다. 남의 속도 모르면서 그녀들은 처치 곤란인 빌라까지 들먹이며 집이 두 채나 있다며 호들갑을 떨었다. 그런데 이상한 일이었다. 따지고 보면 영희네야말로 하우스푸어에 가깝건만 그들의 부러움이 싫지 않았다. 실속은 없지만, 왠지 잘 나가는 것 같은 기분에 우쭐해졌다. 한껏 기분이 고조된 영희, 어차피 1년에 한 번 볼 사람이란 생각에 마음껏 부풀려 자랑하기 시작했다.

"호호, 원래 집이란 게 저질러야 되는 거잖아요. 그래서 이번에 평수 좀 넓혀서 사십 평대로. 가지고 있는 집은 그냥 딴 주머니 찬 걸로 했고요."

그 순간만큼 영희는 집 두 채를 지닌 소위 '있는' 사모님이 되었다. 남들 앞에 있어 보이는 사람이 된다는 게 이렇게 행복한 기분인지 미처 몰랐던 것. 그때, 옆에서 얘기를 듣던 사람이 나섰다.

"주미 엄마! 집도 두 채나 되겠다. 이제 골프 정도는 즐겨도 되겠네요. 골프 치죠? 내가 부킹해 놓을 테니 한번 같이 가요."

"골… 프요? 네에! 뭐."

곧 죽어도 있는 척하고 싶던 영희는 끝까지 자존심을 지켰다. 약속이야 나중에 깨면 되는 것이고 그 순간은 있는 사람처럼 보이고 싶었다.

그런데 이게 웬일! 과욕이 부른 참사는 너무도 컸다. 부부 동반 모임이 마무리될 즈음, 슬슬 계산할 타이밍이 되었을 때 모두들 영희 부부를 주목했다.

"주미 엄마 아빠! 이번에 아파트도 넓은 데로 옮겼겠다. 집도 여분으로 또 있겠다. 있는 사람이 한턱 쏘세요! 한턱 쏴! 한턱 쏴!"

에구에구, 돌이킬 수 없을 강을 건너 버리고 만 그녀는 돈 앞에 체면을 구길 수 없었고 결국 그날 식사비로 30만 원이나 긁는 참사가 벌어졌다.

남이 입고 신는 브랜드는 나도 입어야 하고, 남들이 타는 자동차는 나도 타야 하고, 남들이 다 가는 해외여행은 나도 가야 한다. 캠핑 용품과 아웃도어는 어느 브랜드 이상은 써 주고 입어 줘야 폼이 난다. 어디에 맛집이 생기면 나도 가서 그 집 인테리어와 음식을 스마트폰으로 찍어 SNS에 올릴 줄 알아야 한다. 이런 식의 체면 중시는 건전한 소비 생활을 방해해 결국 경제적 부담을 가중시킨다.

재무 상담을 받는 한 고객이 자신의 남동생 이야기를 한 적이 있다. 좋은 직장과 높은 연봉을 받는 미혼의 동생이었다. 연봉이 높은 남동생이 늘 돈에 쪼들려 사는 것이 그 고객은 도통 이해되지 않는다고 했다. 후에 그 고객의 남동생을 만나 이야기를 들어 보니 금세 그 원인을 알 수 있었다. 폼 나는 갖가지 취미 생활이 화근이었다. 골프는 물론이고 스킨 스쿠버 다이빙 등 돈이 많이 드는 취미를 즐기고 있었다. 그는 취미 자체를 즐기는 게 아닌 남에게 과시하고 싶은 욕구가 강한 사람이었다.

"취미 생활을 줄여야겠어요."

"에이. 그래도 그런 걸 즐겨 줘야 살맛이 나지요. 한 번뿐인 인생 폼 나게 살아야죠. 또 이 정도 해야 사람들이 얕보지 않아요."

"소득에 비해 지출이 너무 많아요."

"괜찮아요. 회사가 잘 나가서 연말마다 성과금을 받아요. 또 2년 뒤엔 진급도 하고 연봉이 더 오를 텐데요. 지금은 좀 부족해도 그때 보충하면 됩니다."

결국, 그 남동생은 남에게 비춰지는 본인의 이미지 때문에 재무 조정을 하지 못했다.

또 다른 고객의 이야기다. 맞벌이를 하는 부부였는데 갑작스러운 사건 때문에 월급이 압류되는 상황이 발생했다. 그들이 살고 있는 집 역시 많은 대출금을 안고 있어서 가계는 휘청거렸다. 하루라도 빨리 그 상황을 벗어나야 했다. 그 당시 상황에서 그들 부부가 취할 수 있는 최상의 선택은 자산을 처분하는 것이었다. 나는 그들에게 집을 처분하라고 제안했다.

"안 돼요. 집은 절대로 안 돼요."

"대출 이자가 너무 많이 나가고 월급까지 압류당하는 상황에서는 그게 최선의 방법이에요."

"사람들이 우릴 어떻게 보겠어요. 사람들 앞에 체면 구기게."

"체면이 돈 벌어다 주지 않습니다."

남들에게 집 한 칸 없는 사람으로 보이기 싫다는 그 고객을 끝까지 설득했다. 몇 달 후, 결국 자금 압박에 시달리던 고객은 나의 제안을 따랐다. 집을 처분하고 다행히 친정 부모님 집 2층이 비어 있었기에 친정집 신세를 졌다. 집을 처분해 부채를 갚고, 지출을 반 이상으로 줄이는 등의 긴축 재정으로 3년 만에 다시 일어설 수 있었다.

재무 상담을 하다 보면 많은 사람들이 체면을 버리지 못하는 경우를 본다. 남들에게 보여지는 것에 연연해 무리한 소비 생활을 하고 품위 유지비에 돈을 쓰는 엄마들도 의외로 많다.

예를 들어 집안의 중요한 행사가 있거나 사람들이 모이는 장소에 가게 될 때 불필요한 소비를 한다. 동창회를 앞두고 명품 코너를 기웃거린다거나 백화점 의류 매장을 들른다거나 결국 하지 않아도 될 소비를 한다.

다른 사람이 살고 있는 아파트 평수, 다른 집이 보유한 차량에 눈을 돌리다 보면 가정경제는 휘청거리게 된다. 각자 처한 상황과 형편이 다르다. 체면 따위는 과감히 버려야 한다.

chapter 05

철통 방어
돈 관리 시스템

 "에미야~ 오늘 집에 좀 들러라."

어머님의 호출이었다. 영희는 순간적으로 달력으로 시선을 돌렸다. 아무리 봐도 집안 대소사도 아니고 생일은 더더욱 아니었다. 왜 부르실까, 혹시 지난번 치과 치료가 부족했던가 싶어 잔뜩 긴장해 있는데 수화기 너머 어머니의 설명이 이어졌다.

"오늘 효소를 담글까 해서. 너도 이제 좀 배워야 하지 않겠니? 어려운 거 하나 없으니 와서 도와주고 좀 가져가거라."

"아, 네. 그럴게요, 어머니."

일단 혼나는 일 아니고 돈 들어가는 일 아니란 생각에 가벼운 마음으로 시댁으로 향했다. 집에 도착하니 시어머니가 매실을 잔뜩 사놓고 기다리고 계셨다.

"어머니, 매실 담그시게요?"

"그래. 매실 엑기스가 여러모로 쓸 데가 많잖니. 먼저 꼭지 따는 것부터 도와라."

"예. 근데 어머니, 꼭지 따는 거 꼭 해야 해요? 이거 엄청 거추장스럽다던데요."

"하하. 애! 쉬운 게 어디 있니? 그냥 담그는 사람도 있지만, 꼭지를 따고 담그면 쓴맛이 없어진다고 하더라. 아. 그리고 이거 다 손질하면 통마다 나눠 담자."

"어머니, 그냥 큰 통 하나에 전부 담아 놓으세요. 필요할 때 꺼내 담으시면 되죠."

"아니다. 통마다 쓰임새가 따로 있는 거야. 하나에 다 담는 것 보다 몇 개로 쪼개서 담다 보면 더 많이 나눠줄 수도 있고 낭비도 딜하더라고. 돈도 그렇잖니. 늬 시아버지 박봉을 받아오실 때 그 적은 돈을 한 다섯 뭉텅이로 나눠서 쪼개 썼단다. 나누면 얼마 되지도 않는 돈인데 이상하게 한꺼번에 쓸 때보다 훨씬 더 쓰임새 있게 써지더라."

매실을 다듬고 설탕과 혼합하는 과정은 오래 걸리지 않았다. 그동안 시아버지는 마당 텃밭을 가꾸고 계셨다. 큰 공간은 아니었지만 작은 공간을 오밀조밀 꾸미는 시아버님은 여러 갈래로 물길을 내느라 바쁘셨다. 뭘 그렇게 열심히 하시느냐고 물으니 이런 대답이 돌아왔다.

"원래 물길을 여러 갈래로 내 줘야 나중에 물이 잘 빠져나간다. 물길이 하나뿐이라면 혹시라도 넘칠 위험이 있을 수 있잖니."

그제야 영희는 단어 하나가 어렴풋이 떠올랐다. 금융 문맹을 탈출하기 위해 뒤적거렸던 경제 관련 책에서 봤던 '통장 쪼개기'. 쪼개기의 지혜가 생활 속에서도 실현되고 있음을 알게 되는 순간이었다.

통장 쪼개기는 아무리 강조해도 부족하지 않은, 재무 조정에 있어 꼭 있어야 할 단계다. 상담 고객 중 맞벌이 신혼부부가 있었다. 그 부부는 고정 소득이 월 600만 원이 넘었다. 둘 다 워낙 바빴는데 그나마 아내가 시간적인 여유가 있어 통장 관리를 했다. 통장을 쉽게 관리하기 위해 남편의 급여까지 그녀의 통장으로 들어오게 했다. 결과적으로 그녀는 다달이 600만 원으로 가정경제를 운영했다. 하지만 많이 쓰지 않는 것 같은데 달마다 허덕였다.

"이상해요. 결혼 전에는 월급 250만 원을 받아도 저축하면서 살았는데 지금은 소득이 두 배가 훨씬 넘는데도 남는 돈이 없어요. 어떤 달은 마이너스예요. 왜 그럴까요?"

실제로 이런 고민을 하는 가정이 많다. 소득은 늘어나는데 왜 그만큼 저축이 되지 않는가?

수입이 두 배면 지출도 두 배가 넘기 때문이다. 지출을 통제하기 위해서는 제일 먼저 현금 흐름 시스템이 필요하다.

왜 다들 통장 쪼개기를 하라고 조언하는 것일까. 통장 쪼개기는 새는 돈을 막고, 돈을 체계적으로 관리해 주는 시스템을 만들어 준다.

불필요한 소비를 미리 차단하고 목적에 따라 쓰임을 분류해 놓음으로써 체계적으로 돈을 관리할 수 있게 해 준다.

대부분의 가정들은 저축 외에 웬만한 지출을 급여 통장으로 해결한다. 한 통장에서 지출이 모두 이뤄지다 보면 한꺼번에 우르르 빠져나가서 어떤 항목에서 돈이 나가는지 한눈에 파악하기 힘들다. 간혹 잔액이 부족하여 꼭 지출해야 할 돈이 빠져나가지 못하면 연체료와 같은 누수 자금이 생기기도 한다. 연체하면 신용 관리에도 영향을 미칠 수 있다. 통장 쪼개기는 그런 위험을 줄여 주는 역할을 한다.

3~5개 정도로 통장을 쪼개면 된다. 일단 소득이 들어오는 급여 통장과 지출을 위한 소비 통장, 비상시와 비정기 지출을 위한 예비비 통장과 저축을 위한 투자 통장 정도로 구분한다. 앞서 돈을 모으기 위해 바구니 세 개를 마련했다면, 통장 쪼개기는 수입과 지출의 측면에서 통장을 관리하는 방법이다. 즉, 저금뿐 아니라 지출을 관리하는 통장을 별도로 만드는 것이다.

다음은 급여 통장, 소비 통장, 예비비 통장, 투자 통장으로 나눈 뒤, 각 통장을 어떻게 활용할지 설명한 것이다.

1. 급여 통장

대출 원리금, 관리비, 각종 공과금, 보장성 보험료 등의 고정 지출을 자동 납부하는 통장이다. 이 통장을 잘 활용하기 위해서는 먼저 '얼마를 버는지' 알아야 한다. 맞벌이하면서 돈을 각자 관리하는 가정이 있는데 이렇게 하면 돈을 잘 모을 수 없다.

부부가 서로의 급여 명세서를 공개하고 정확한 실수령액을 파악해서 통장을 합하도록 한다. 행복한 가정이 되기를 원한다면 먼저 부부가 통장을 합치고 그 통장을 함께 관리하도록 한다.

2. 소비 통장

매월 지출이 크게 변동되는 생활비 등을 관리하기 위한 통장(식비, 자녀 학원비, 교통비, 통신비, 여가비 등)이다. 매월 일정한 금액 내에서 소비하는 습관이 중요한 포인트. 매달 용돈 등을 이 소비 통장에 연결하여 체크카드를 이용하거나 현금을 인출해 사용한다.

지출 예산은 부부가 함께 정한다. 각종 공과금과 보험료 등등 명세서를 펼쳐 놓고 적어 보면 고정 생활비가 파악된다. 서로의 교통비 등의 경비를 따져 보고 용돈이 얼마가 적당한지 결정한다. 신용카드보다 체크카드를 사용하면 예산 범위내에서 돈을 쓰는 습관이 만들어진다.

3. 예비비 통장

긴급한 상황과 함께 경조사나 휴가비 등 수시로 돈 쓸 일이 많다. 부모님 용돈, 명절, 여름휴가, 자동차보험료 등이 여기에 속한다.

이 통장은 CMA로 만들어 전년도 월 생활비의 두세 배 정도의 금액을 납입해 놓는다. 일명 저수지 통장이다. 이 돈은 저수지처럼 잔고가 일정하게 유지돼야 한다. 급한 일이 있어 저수지 통장에서 돈을 썼다면 다른 부분에서 아끼든지, 상여금이 생길 경우 곧바로 채워 넣어 일정 금액을 유지한다. 예비비 통장은 인터넷뱅킹이나 통장으로만 찾을 수 있게 하자. 쓰기 불편해야 돈을 모을 수 있다. 비상시를 대비해 신용카드 한 장 정도는 남겨 두는 것도 방법이다.

■ 통장 관리 시스템

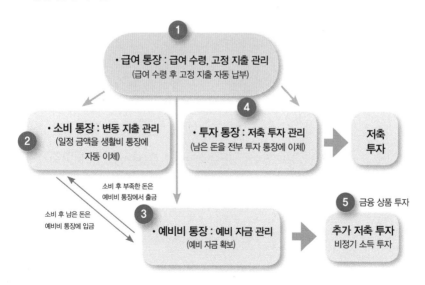

4. 투자 통장

적금, 펀드, 변액보험 등 투자 목적의 금융 상품을 자동이체하기 위한 통장이다. 급여 통장에서 각종 고정 지출을 자동으로 납부하고 소비 통장으로 생활비 이체 후 남은 돈을 투자 통장으로 보낸다.

이렇게 통장을 쪼개고 그 통장을 효율적으로 쓰기 위해서 겉표지에 통장의 용도를 적어 두면 좋다. 예를 들면, 소비 통장에는 소비를 줄일 수 있는 자신의 각오나 목표를 적어 두는 것이다. 투자 통장이라면 동기 부여가 될 수 있도록 자신의 목표 금액 등을 구체적으로 써놓는다.

통장 쪼개기는 직접적으로 이자를 불려 주지는 않지만 새는 돈을 막고, 불필요한 소비를 줄여 조금이라도 더 저축하게 만들어 준다. 또한 통장 쪼개기라는 재무 관리 시스템을 통해 지출 습관을 개선시켜 나가면 머지 않아 가정경제가 나아지는 모습을 확인할 수 있을 것이다.

주인공 마영희 · 이정도 부부의 경우도 일단 통장 쪼개기를 통해 지출을 조절해 나가야 한다. 일단 마이너스가 되는 현실에 맞춰 통장 쪼개기를 해 보면 오른쪽과 같은 표로 나타낼 수 있다.

■ 이정도 · 마영희 부부의 현 재무 상태의 통장 쪼개기

수입	통장 쪼개기	지출 항목	금액 나누기
남편 : 450만 원 아내 : 100만 원	급여 통장	대출금, 대출 이자, 보장성 보험, 관리비	173만 원/월
	소비 통장	주 · 부식, 외식, 주유비, 통신비, 용돈, 교육비 등	394만 원/월
	예비비 통장	세금, 자동차보험, 자동차세, 경조사, 의류비	68만 5,000원/월
	투자 통장	연금, 저축보험	80만 원/월
합계 : 소득 550만 원 지출 715만 5,000원	550만 원 − 715만 5,000원 = −165만 5,000원		

　현재, 마영희 가정은 소득보다 지출이 많아 각 통장에 돈이 적절하게 흐르게 하기가 어렵다. 그러나 일단 통장을 쪼개 놓고 지출 내역을 조정해 나가면 서서히 각 통장의 쓰임새에 맞게 틀이 만들어 질 것이다. 그리고 이렇게 마련된 네 개의 통장이 가정경제를 균형 있게 잡아 줄 것이다.

chapter 06

응답하라!
재무 요요현상

 공인중개사 사무소에 들른 영희는
속이 좀 상했다. 재무 상담을 받으며 빌라를 월세로 전환하겠다고 정
했지만 영희는 다른 꿍꿍이가 있었다. 뒤늦게 부채 상환에 필이 꽂힌
탓인지 어떻게든 마이너스를 벗어나고 싶은 마음이 간절했다.

'기왕 부채 상환하는 거 깔끔하게 집을 처분해서 부채를 확 줄이
면 좋겠는데….'

왠지 욕심이 생겼다. 그래서 집을 팔아 볼 요량으로 공인중개사 사
무소에 들렀는데, 세 군데에서 모두 퇴짜를 맞았다.

"쯧쯧. 끝물을 탔어요. 요즘 부동산 엉망이야. 팔기는 힘들 걸?"

생각대로 일이 진행되지 않자 기분이 확 상해 버린 영희, 괜히 4년
전에 자신이 저지른 일에 대해 다시금 후회가 밀려왔다.

"아휴, 내가 미쳤지. 재개발은 무슨! 그 집은 왜 사 가지고 이 고생이야. 집이 아니라 웬수다, 웬수!"

투덜거리며 집으로 돌아온 그녀를 기다리는 것은 각종 고지서였다. 이번 달도 어김없이 날아온 수북한 고지서 속에는 숫자들이 날아다니고 있었다. 갑자기 오기가 생겼다.

'그래, 내가 이번 달 지출을 반으로 팍 줄여 주겠어. 누가 이기나 한번 해보자.'

영희는 모라토리엄을 선언하듯 결연한 자세로 가족들에게 통보했다.

"이제부터 무조건 안 쓰는 방향으로! 가정경제의 회복을 위해 다들 지출은 삼가도록!"

그로부터 며칠간 그녀는 아예 바깥 외출노 금했다. 그녀의 친정엄마께서 늘 하시던 "늙은 소는 꿈쩍만 하면 똥 싼다"는 말씀이 생각났기 때문이다. 그 말을 그냥 들어 넘기기 일쑤였지만 이제야 생각하니 그 말씀이 맞는 것 같았다. 집 밖에만 나가면 돈 쓴다며 안방을 고수하시는 친정엄마를 롤모델로 삼기로 했다. 신기하게도 정말 돈 쓰는 일이 많이 줄었다.

"엄마, 우리 간식 없어요?"

"간식은 무슨. 저녁 먹자."

"저녁은 뭔데요?"

"뭐긴. 그냥 있는 밥에 김치랑 먹으면 되지."

"엄마, 진짜 마녀 같은 거 아세요?"

아이들은 실망이 컸다. 그동안 외식이다 간식이다 잘 먹였던 엄마가 어느 날 갑자기 세 끼 식사만 고집하고 나서니 애들도 힘이 쭉 빠진 기색이었다.

"엄마. 나 우울해. 옛날 엄마가 더 좋아. 햄버거도 만들어 주고 외식도 자주 하던 그 엄마가 그립단 말이야."

딸 주미가 거의 울상이 되어 우는소리를 하니 아들 세진이도 동조하는 눈빛을 보냈다.

사실 그녀도 힘이 빠지고 있었다. 돈 몇 푼 아끼려고 먹는 즐거움도 묵살하는 나쁜 엄마가 된 것 같고, 얼마나 아껴야 살림이 확 펴질지 알 수도 없는 막막한 상황에 도무지 지출을 반으로 줄일 자신이 없어진 것이다. 그렇게 며칠이 더 지났을 때, 그녀는 더욱 우울감에 빠졌다. 머릿속에서 계속 의문이 생겼다.

'이게 과연 최선이야? 이렇게까지 해야 하는 거야?'

누구나 한 번쯤 해 봤을 다이어트, 특히 여성에게 다이어트는 거의 운명의 짝이기도 하다. 수많은 이들이 다이어트에 시도했지만, 대다수는 실패한다. 왜 그럴까? 무리한 다이어트가 요요현상을 일으키기 때문이다.

제대로 된 식단과 계획에 의해 다이어트를 해야 하는데 무조건 안 먹는 다이어트를 하다 보면 어느 순간 참지 못하는 시기가 온다. 바

로 그때 찾아오는 것이 요요현상, 이전의 나로 돌아가고자 하는 욕구가 강하게 일어나면서 꾹꾹 잠았던 식욕이 한꺼번에 식탐으로 변한다.

가정경제를 바로잡는 과정에서도 요요현상을 조심해야 한다. 가정경제가 어렵다고 체감할 때 대부분 단시간에 마이너스를 플러스로 바꾸고 싶어 한다. 그러다 보니 위기의식을 느껴 무조건 쓰지 않으려 한다.

한 달에 고정 지출이 200만 원이라면, 100만 원으로 줄이거나 아예 쓰지 않으면서 버티려고 한다. 어떤 사람은 재무 조정의 필요성을 느끼는 순간 주식비와 부식비까지 쓰지 않고 버티기도 한다. 또 어떤 이는 고정적으로 들어가는 금융 상품도 올 스톱해 그저 마이너스에서 벗어나려 한다. 이런 습관은 좋지 않다. 다이어트에 성공하기 위해서는 적절한 운동과 함께 식습관을 개선해야 하는 것처럼, 가정의 재무 조정도 습관화가 필요하다. 습관이 하루아침에 생기는 것이 아닌 것처럼 시간이 필요하다.

무조건 먹지 않는 다이어트가 결국 폭식으로 이어지듯 재무 요요현상도 심각한 소비로 이어질 위험이 크다.

실제 어떤 고객의 경우 재무 요요현상 때문에 고생을 했다. 재무 진단을 받고 난 뒤 가정의 살림을 제대로 하지 못했다는 자책감에 시달리던 고객은 마음이 급했다. 당장 갚아야 할 부채도 많았고 매달 늘어가는 마이너스를 하루라도 빨리 벗어나고 싶은 마음에, 안 먹고 안 쓰는 전략을 쓴 것이다. 그에게 있어 인생 최대의 목표는 어서 빨리 빚을 갚아 제로에서 다시 시작하는 것이다.

그러나 몇 달 안에 빚을 갚는 것은 어려운 일이었다. 그는 그만 힘이 빠져 버렸다. 한마디로 자포자기에 빠졌다.

"이렇게 왜 살아야 하는지 모르겠어요."

마치 돈을 갚기 위해 사는 것 같은 기분이 들었던 그는 우울한 감정에 빠졌다. 살아가는 기쁨을 느끼지 못한 것이다. 재무 요요현상은 바로 이런 위험과 함께 다가올 수 있다.

재무 요요현상을 피하려면 당근과 채찍이 함께 있어야 한다. 채찍이라면 누수 자금을 발견하여 조정하는 것, 즉 소비 체질을 단계적으로 바꾸고 적합하지 않은 소비를 조정해 나가는 것이다. 그러나 무조건 빚 갚기에 올인하는 것은 위험하다. 살다 보면 반드시 필요한 자금이 발생하기 때문에 그것을 대비한 자금은 마련하면서 차근차근 마이너스를 메워야 한다.

당근은 재무적인 면에서 기쁨을 찾는 방법이다. 재무 조정은 부채 상환 계획과 함께 저축에 대한 계획도 세워야 한다. 저축을 하면 심리적 안정을 얻을 수 있고 앞으로의 재무 이벤트를 대비할 수 있다는 안도감도 생기기 때문에 불안함과 두려움을 줄일 수 있다.

"돈을 잘 버는 것은 기술, 돈을 잘 쓰는 건 예술"이라는 말이 있다. 그만큼 돈을 잘 사용하는 것이 중요하다는 말이다. 무리한 재무 다이어트는 조심해야 한다. 재무 요요현상 때문에 고생하지 않으려면 무엇보다 평정심과 인내가 필요하다. 그동안 방만한 운영을 했다면 더더욱 시간이 필요하다. 백 번의 재무 설계보다 더 중요한 건 '실천'이고, 10만 원의 여윳돈보다 더 필요한 건 '시간'이다.

신용 불량자가 되기 전에 이런 증상 꼭 있다

1. 당장 여유가 없어 병원 가는 것을 미루고 있다.

2. 일상 생활비를 지불하기 위해 아르바이트를 하거나 초과 근무를 한다.

3. 저축한 금액을 식료품비와 같은 일상 생활비로 사용한다.

4. 부부간에 돈에 대해 전혀 말하지 않거나 오직 돈에 관해서만 이야기한다.

5. 신용카드 현금 서비스를 자주 받는다.

6. 수중에 현금이 없어 몇 천 원의 소액 결제도 신용카드로 한다.

7. 저축을 중도에 해약하려고 한다.

8. 신용카드의 한도액을 넘어 사용을 못 한 적이 있다.

9. 신용카드 결제 계좌를 마이너스 통장 계좌로 지정했다.

10. 신용카드 사용이 정지되었다.

11. 매월 2~3번 지불 독촉을 받는다.

12. 매월 신용카드 청구액 중 최소 결제액만 지불하고 리볼빙 서비스를 받는다.

13. 매월 마이너스 통장의 대출 잔고가 늘어나고 있다.

14. 마이너스 통장을 쓰면서 적금을 하고 비상금을 가지고 있다.

15. 줄어들지 않는 마이너스 통장을 보면서 당연한 거라고 생각한다.

16. 부채 상환을 연기하거나 다른 지불 방법을 찾는다.

17. 빚을 내서 하는 주식 투자가 있다.

18. 기존의 채무를 상환하기 위하여 돈을 빌린다.

19. 빚이 얼마인지 모른다.

20. 비상시를 대비한 저축이 적거나 없다.

마녀의
시크릿
Tip

빚 권하는 사회에서 살아남기 10계명

1. 계획을 수립하고 본인의 재무 상태를 파악한다.

2. 자산과 부채의 금액을 정확히 알고 부채를 상환하기 위한 구체적인 계획을 세운다.

3. 대출 만기가 가까운 것과 대출 금리가 높은 것부터 상환한다.

4. 쇼핑 리스트를 작성하고 큰돈이 들어가는 것은 미리 예산을 세워서 구입한다.

5. 빚 보증을 서야 한다면 본인이 감당할 수 있을 정도라야 한다. 그렇지 않다면 신중하게 결정한다.

6. 자녀와 노후 중 우선 순위를 정하라.

7. 신용카드 사용을 억제하고 인터넷 쇼핑이나 홈쇼핑은 꼭 필요할 때만 한다.

8. 차를 팔아라. 자동차 할부금 가볍게 생각하지 마라. 할부금은 고금리 부채 상품이다.

9. 대출을 이용한 무리한 부동산 투자가 있다면 당장 처분하라.

10. 높은 금리의 대출이 있다면 낮은 금리로 갈아타거나 내게 맞는 서민금융 지원 제도를 찾아라.

Part 3
Mom's money remodeling

마녀,
짠전모양처로 리셋

chapter 01

소득의 파이를
키워라

　　　　　　　　　　　　"친구야, 가정경제를 풍성하게 하
는 비법 좀 알려 주라"

영희는 자신의 금융 주치의가 된 친구, 도지나를 만나 이렇게 말
했다. 분명히 재무 상담을 받고 부채도 상환하는 등 여러 대책을 세
워 놓긴 했지만 한꺼번에 나아지지 않는 가정경제에 답답하던 참이
었다.

그 마음을 이해한다는 듯 지나는 빙그레 웃으며 말했다.

"해결책은 간단해. 소득은 늘리고 지출은 줄이는 것!"

이런, 누가 그걸 모르나? 너무도 뻔한 대답에 영희는 빈정상할 뻔
했다. 빵빵한 풍선에 바람이 빠지는 소리를 들렸는지, 지나는 이런
말을 덧붙였다.

"중요한 건 이대로는 곤란하다는 거야. 그걸 알고 바꿔 보려는 노력이 시작이고, 그다음에 소득과 지출을 균형 있게 바로잡아 가는 거거든. 너, 그동안 잘 쓰고 살았다며? 이젠 쩐모양처가 한번 돼 봐. 이미 너한테 상담가로서 해 줄 조언은 다 했어. 이제 네가 계획적으로 실천하는 일만 남았어. 마녀라는 네 별명처럼 돈 요술을 부릴 수 있을 만큼 이 악 물고 노력해라."

쩐모양처? 그동안 현모양처는 들어봤어도 쩐모양처는 처음 들어 봤다. 그래도 그 뜻은 알 것 같았다. 쩐모양처, 말 그대로 돈을 잘 관리하는 엄마가 되라는 의미일 것이다.

곰곰이 생각에 잠긴 영희를 깨운 건 학교를 마치고 돌아온 아들 녀석이었다. 헐레벌떡 돌아온 세진이는 배가 고프다며 냉장고부터 뒤졌다.

"엄마! 어제 아빠가 사온 호두 파이 어디 있어요?"

"거기 두 번째 칸에 있을 거야. 상자 부피가 커서 그릇에 담아 났거든."

역시 촉이 좋은 녀석, 한 번에 파이를 찾고는 세 조각이나 되는 파이를 한 번에 해치웠다. 인정머리 없게 동생 것도 좀 남겨 둘 것이지 자기 입만 입인 듯 다 먹어 버렸다. 그런데 적반하장도 유분수지 아직 성에도 안 찼다는 듯 볼멘소리를 했다.

"에이, 파이가 너무 작아요. 파이 크기가 좀 더 컸으면 얼마나 좋았을까?"

그때 영희의 머릿속을 스치고 지나는 생각.

'맞아. 파이가 있었지? 부동산을 이용해서 파이를 키울 방법이 있을 거야.'

영희는 파이가 모자란다며 툴툴대는 아들을 뒤로 한 채 일단 행복빌라 전세 계약서를 확인한 뒤 전화기를 들었다. 얼마 전까지 집이 팔리지 않아 걱정해 주던 공인중개사 사무소였다.

"중개사님, 지금 월세가 잘 나가는 편인가요?"

"월세? 아무래도 월세가 더 나가는 편이지. 워낙 전셋값이 다락같이 올랐잖아."

"그래서 저희 집 파는 대신 월세로 돌려 보려고요. 파이를 키우는 거예요."

"응? 파이… 갑자기 뭔 소리야?"

"아…. 아니에요. 어쨌든 월세로 들어올 사람 있는지 알아봐 주세요. 마침 계약 기간도 한 석 달 남았으니 기간도 괜찮은 것 같아요. 세입자에겐 제가 말해 놓을게요."

"그래. 잘 생각했어. 어차피 잘 안 팔릴 집, 월세나 잘 받는 것도 좋지."

일단 소득의 파이를 키울 생각에 영희는 기분이 좋아졌다. 월세만 금방 나가 준다면 월세를 교육비로 보충할 수도 있지 않겠는가.

예전의 영희가 아니었다. 남이 챙겨 주지 않는다는

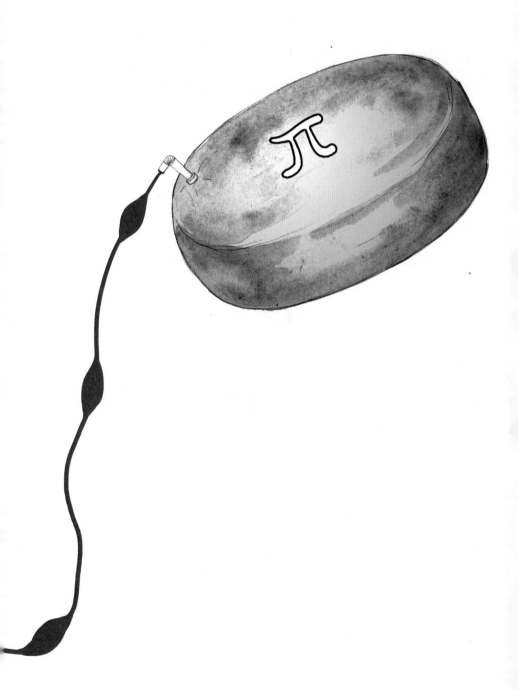

것을 잘 알고 있었기에 더 적극적으로 나서야 함을 알게 된 영희는 뭔가 가닥이 잡히는 것 같았다. 소득의 파이를 조금이라도 늘리고 지출의 파이를 줄이는 것, 역시 친구의 말이 사실이었다.

어떻게 파이를 키울까? 커피 시장에서 파이를 키우는 힌트를 얻을 수 있다. 국내 커피 시장을 선도해 가는 스타벅스 커피 전문점, 지금은 많은 커피 브랜드가 생겨나 그 아성이 희미해져 가지만 불과 몇 년 전까지만 해도 스타벅스는 단연 커피 업계의 선두였다.

스타벅스가 국내 시장에 들어온 뒤 새로운 커피 유통 방식과 카페라는 공간 문화에 대한 인식으로 국내 커피 시장 자체가 크게 커졌다. 사람들은 쓴 커피 한 잔을 마시기 위해 비싼 값을 지불하며 기꺼이 카페로 들어갔다. 그 후 많은 회사들이 경쟁적으로 커피 카페 시장에 들어왔다. 스타벅스라는 브랜드는 커피 시장의 파이를 5배 이상 키우는 역할을 했다고 평가받는다.

국가 경제뿐 아니라 가정경제에서도 파이를 키우는 것은 아주 중요하다. 고정 수입이 100만 원인 사람과 110만 원인 사람의 차이는 적어 보인다. 그러나 시간이 흐를수록 큰 차이가 난다. 10만 원의 잉여 자금이 복리 효과로 커지기 때문이다. 엄마들이 가정경제를 꾸려갈 때 입에 달고 사는 말이 있다.

"뻔한 살림, 뻔한 소득에 빼낼 돈이 어디 있어요."

물론 갑자기 소득이 늘어날 확률은 거의 없다. 그러나 방법이 아주 없는 건 아니다. 특히 주택을 통해 파이를 키울 수 있다. 수입과 지출이 균형이 맞지 않을 경우, 주택을 이용해 새로운 소득원을 창출할 수 있다.

주인공의 경우, 재개발이 될 것을 예상하고 빌라를 구입했으나 잘 못된 선택이 되고 말았다. 집으로 인해 하우스푸어 신세가 되었는데, 이때 집을 처분하여 부채를 줄이는 것이 가장 좋은 방법이다. 하지만 그것이 여의치 않다면 월세를 통해 수입원을 마련하는 것도 방법이다.

파이를 늘이기 위해 선택한 월세 전환으로 주인공은 월 50만 원 정도의 소득원을 마련할 수 있게 된다. 이제 소비를 조절해 나가면 다음과 같은 잉여 자금을 마련할 수 있어서 저축으로 이어질 수 있다.

■ 이정도 · 마영희 부부의 월세 조정 이후 변화

조정 전			조정 후		
월 소득	남편	450만 원	월 소득	남편	450만 원
	아내	100만 원		아내	100만 원
				월세	50만 원
합계		550만 원	합계		600만 원
월 지출	고정 생활비	414만 원	월 지출	고정 생활비	313만 원
	보장성 보험	52만 8,000원		보장성 보험	35만 원
	변동 지출	68만 5,000원		변동 지출	50만 원
	대출 상환	100만 2,000원		대출 상환	90만 원
	금융 저축	80만 원		금융 저축	월 잉여 자금 저축
합계		715만 원	합계		488만 원
월 잉여 자금		-165만 원	월 잉여 자금		112만 원

3년 전 만난 어떤 고객은 주택 담보 대출로 인한 이자 부담으로 고민하고 있었다. 그의 재무 상태를 보니 다행히 작은 아파트가 하나 더 있었고 전세금을 굉장히 낮게 주고 있었다. 그 부분에서 소득의 파이를 키우는 방법을 제안했다. 때마침 전세 주고 있는 아파트의 계약 기간도 몇 달 남지 않았다. 전세금을 2,000만 원 더 올려 받아 그 자금으로 대출금을 상환하자고 제안했다. 그로 인해 대출 이자를 줄이고, 대출 상환 기간을 앞당길 수 있었다. 그 고객은 미처 그 생각을 못 했다며 무척 좋아라 하며, 굉장히 행복해하던 기억이 난다.

이처럼 주택을 보유하고 있다면 적절한 때에 파이를 키우는 방법으로 이용할 수 있다. 물론 주택을 이용해 소득을 높이는 것이 불가능할 때도 있다. 주택 거래는 경제 상황과 밀접한 관계가 있기 때문이다. 주택을 이용해 소득을 높이는 것이 어렵다면 새롭게 일을 해서라도 수입을 늘려야 한다.

그러나 육아와 가사 등으로 경력 단절이 되서 재취업에 어려움을 겪는 이들이 있다. 그런 경우에는 여성새로일하기센터(새일센터 http://saeil.mogef.go.kr)를 이용해 본다. 새일센터는 여성가족부와 고용노동부가 공동으로 지정, 운영하고 있는데 경력이 단절된 여성을 대상으로 직업 상담, 구인·구직 관리, 직업 교육 훈련, 인턴십, 취업 지원, 취업 후 사후관리 등을 종합적으로 지원해 준다. 시간 선택제 일자리도 점차 늘고 있으니 이와 관련한 취업 박람회 등을 참가해 진로를 모색해 보는 것도 좋은 방법이다.

집, 사야 하나 말아야 하나

집 없는 설움만큼 큰 서러움도 없다고 한다. 요즘은 생각이 많이 바뀌었지만 나날이 폭등하는 전셋값 때문에 지금처럼 주택 가격이 하락했을 때 빚을 내서라도 주택을 사야 하는 것은 아닌지 고민하게 된다.

최근 부동산 경기가 둔화됨에 따라 정부에서도 여러 대책을 내놓았다. 다주택자를 위한 양도세 중과세 폐지, 취득세 영구 인하, 수직 증축 허용 등 부동산 관련 법이 통과되면서 부동산 경기가 회복되기를 기대하고 있다. 특히 생애 최초 주택 구입자에게 저금리로 주택 자금을 마련할 기회를 주어 부동산 경기 활성을 위해 노력하고 있다. 생애 최초 첫 주택 자금은 6억 원 이하의 85㎡의 모든 주택이 대상이 되며, 대출 금리 2.6~3.4%으로 주택 가격의 최대 70%까지 대출을 받을 수 있다.

그런데 최근에 나온 수익 공유형 모기지와 손익 공유형 모기지의 경우 생애 최초 구입자금보다 금리가 더 낮다.

수익 공유형은 주택 기금에서 집값의 최대 70%(호당 2억 원 한도)까지 1.5%의 이자로 대출해 준다. 모기지를 공급하고 주택을 팔거나 또는 만기가 됐을 경우 매각 차익(평가 차익)이 발생하면 차익의 일부를 주택 기금과 공유하는 방식이다.

손익 공유형은 주택 기금이 집값의 최대 40%까지 1~2% 금리의 대출을 지원한다. 주택 구입자와 기금이 주택 매각 손익을 공유하는 방식이다. 1%대 금리는 생애 최초 주택 금리(3.3~3.5%)는 물론, 한국은행 기준 금리(2.50%)보다도 낮아 사실상 제로 금리라는 평가를 받고 있다.

수익 공유형은 목돈이 없는 사회 초년생, 손익공유형은 전셋값 등 목돈이 있는 무주택자에게 유리하다. 최초로 주택을 마련할까 고민하는 이들은 심사숙고해 볼 필요가 있겠다.

chapter 02

빚지기 쉬운
체질을 개선하라

 "고객님! 이번 달 카드론 이자가 입
금되지 않으셨네요."

"아. 네… 지금 회의 중입니다. 나중에…."

"네, 그런데 고객님! 지난번에도 연체하셨잖아요. 연체가 계속 이
어지면 곤란합니다. 신용에 문제가 생길 수도 있습니다."

"네? 신용…. 아, 네. 알겠습니다."

서둘러 전화를 끊은 이정도의 등골이 서늘해졌다.

"이 부장! 무슨 전환데 그렇게 받아? 뭐 잘못한 일 있어? 허허."

"잘못은요. 회의하시죠."

이정도는 그날 아침 무슨 회의를 했는지 전혀 기억에 나지 않았다.
오로지 그의 머릿속에 떠다니는 단어는 '신용 불량자'였다. 이미 아내
에게 카드론 대출 문제도 털어놓은 뒤라 생활비에서 카드론 이자도

맡기로 했는데 이번에 깜박했나 보다. 아내에게 카드론 연체 얘기를 하기도 미안했기에 마음은 가시방석 같았다.

한편으로는 한 달 이자 15만 원이 없어서 연체시키고 있었나, 자기 자신에게 갑갑했다. 예전 같았으면 50만 원 정도는 뚝딱 만들 자신이 있었는데 이젠 돈 만 원에도 벌벌 떠는 자신의 모습이 한심하기까지 했다.

이정도는 마지막 희망이라도 잡아 보자는 마음이 들었다.

'그래, 혹시 알아? 오늘은 주식 시장도 괜찮다니까 내 주식도 좀 올랐겠지?'

적색 화살표를 기대하며 서둘러 주식 사이트로 들어갔다. 그런데 이게 웬일, 본인이 갖고 있는 주식은 온통 청색 표시뿐이었다. 들여다보고 있으려니 자기도 모르게 화가 나서 이런 말이 튀어나왔다.

"이런 젠장, 어떻게 된 게 내가 산 주식은 만날 곤두박질이냐? 참나! 내가 왜 그 자식 말은 들어서 이 생고생을 한담?"

남들이야 듣건 말건 한소리 지르고 나니 속은 시원해졌다. 이정도는 결심했다. 아무리 후회를 한들 이미 주식 대박의 꿈은 물 건너갔으니 빨리 처분하기로 한 것이다.

바로 전화를 걸어 아내와 의논에 들어갔다. 아내 역시 방금 전 친구인 도지나가 한 이야기를 떠올렸다.

"영희야. 너희 집 부채가 전체 자산의 37%가 넘는 심각한 상태야. 그동안 대출 이자에 마이너스 통장 이자, 이번에 남편 카드론 이자까지 다달이 100만 원 넘는 돈을 내고 있으니 가계부가 구멍 날 만도

하지. 영희야, 우선, 비용이 크고 보장이 중복되는 보험부터 정리해서 금리가 높은 대출부터 얼른 갚아 보자."

영희는 도지나의 조언을 남편에게 전하며 결단을 내리기로 했다.

"그래. 일단 당장 급하지 않은 저축성 보험과 보장성 보험들을 조정해서 급한 불부터 끄자. 그렇다고 다 갚진 못하겠지. 그래도 숨통 좀 트이게 해 보자고."

그날 이 부부는 그동안 큰 짐으로 떠안고 있던 부채를 정리할 계획을 세웠다. 일단 급한 불부터 꺼 나가기로 결정하고 이것저것 정리하려니 묵은 체증이 내려가듯 속이 시원해졌다.

과도한 부채는 경제의 심각한 위험 요소다. 얼마 전 정부에서 가계 및 비영리단체의 부채를 조사했더니 1,200조 원이 육박했다고 한다. 게다가 부채가 자산보다 더 빨리 늘어나는 게 더 큰 문제라는 지적도 있었다.

가정경제가 마이너스가 되면 무엇보다 부채를 줄여야 한다. 이를 위해 빚지기 쉬운 체질을 개선해야 한다. 빚지기 쉬운 체질이란 빚테크, 빚을 얻어서라도 수익을 꿈꾸는 체질이다. 또한, 수입보다 지출이 많은 걸 알면서도 대책을 세우지 않고 어떻게든 되겠지 하는 안일한 태도로 일관하는 체질이다. 조금 쉬운 길을 찾아 돈을 마련하는 것 역시 빚지기 쉬운 체질이다. 가정경제의 새 출발을 원한다면 빚지기 쉬운 체질부터 개선해야 한다.

부채는 어느 순간 눈덩이처럼 불어나 가정경제를 위협한다.

카드론 대출의 경우 실질적인 금리에 함정이 있다. 1년 만기로 1,000만 원을 빌렸다고 하자. 연 17% 고금리지만 대출 절차가 간단하고 편리해서 단기간 빌릴 때 이용한다. 그런데 대출 상품에는 취급 수수료가 있다. 대부분 2%가 붙기 때문에 1년 뒤에 돈을 갚을 때는 연 19% 이자를 함께 갚아야 한다. 그런데 이자가 너무 비싸서 미리 6개월 안에 갚으려 한다면 어떻게 될까. 그때는 이자를 21%나 지불해야 한다. 카드론 실질 금리의 계산법이 다음과 같기 때문이다.

카드론의 실질 금리 = 대출 금리(%) + 취급수수료 ÷ 대출 기간(연)

만약 6개월을 사용했다면 17% + (2÷0.5) = 21%가 부과된다. 그렇다고 이자 때문에 갚지 않을 수도 없다. 비싼 이자를 내고서라도 갚아야 한다.

카드 현금서비스는 더욱 큰 함정이 있다. 카드를 이용한 현금서비스는 연금리가 아닌 사용 기간별 수수료를 떼고 0.4~0.6%의 취급수수료를 부과한다. 이 또한 대체로 연 16~27% 고금리의 이자를 부과한다.

연 금리 = 이자 수수료율(%) + (취급 수수료율÷사용 기간) × 365

현금서비스, 카드론 등 금융권을 이용한 부채는 신속하게 돈을 마련할 수 있다는 장점이 있지만, 엄청난 이자가 계속 불어난다.

일단 가정경제가 마이너스가 되면 지출을 유예하는 방법이 가장 효과적이다. 그러나 이것은 엄연히 단기간 내에 발생한 위험에 대처할 때 쓰는 방법이다. 대출과 같은 장기적인 부채로 인한 마이너스가 발생할 경우엔 반드시 유동성 자산을 현금화하여 부채를 줄여가야 한다.

바로 현금화할 수 있는 것부터 손을 대야 한다.

예를 들어 주식이나 펀드 등을 통해 현금을 마련해야 한다. 그리고 난 뒤 실질적인 만기 이후의 자산을 통해 현금을 이용하도록 한다. 그것이 어렵다면 중도 해지했을 때 손해가 덜한 자산을 처분하여 현금을 마련한다.

다음 차트는 주인공 부부가 빚을 상환하는 과정을 설명해 준다.

먼저 이들이 보유하고 있는 주식과 펀드로 얼마간의 현금을 마련할 수 있다. 중복되거나 비용이 많이 드는 보장성 보험을 정리하고 재무 목표에 적당하지 않은 금융 상품을 최대한 현금화하여 부채를 갚을 수 있다. 또한 주택 담보대출의 상환 방식도 조정하면 매달 이자를 줄여나갈 수 있다.

활용 가능한 금융 자산으로 고금리 대출부터 상환

1) 활용 가능한 자산 만들기

　(종신보험 환급금, 주식과 펀드 환매금, 저축성 보험 해지)

2) 투자용 빌라 전세를 월세로 전환하여 임대 소득 창출

　(전세 보증금　4,500만 원 반환금 준비: 월세 보증금과 활용 가능한 금융 자산으로 대체)

3) 고금리 대출부터 먼저 상환할 것

　(카드론, 마이너스 3,000만 원 상환)

4) 잉여 자금 중 긴급 예비 자금과 출산 예비비 마련

　(출산 예비비 300만 원, 긴급 예비 자금 500만 원)

　현금성 자산 6,248만 원으로 마이너스 통장의 2,000만 원, 카드론 1,000만 원을 상환. 3,248만 원이 남음.

■ 이정도 · 마영희 부부의 활용 가능한 금융 자산

활용 가능한 금융 자산	금액	필요 자금	금액
보험 환급금	1,835만 원	마이너스 대출 상환	2,000만 원
주식 매매금	1,662만 원	카드론 상환	1,000만 원
장마펀드	630만 원	전세 보증금 반환	4,500만 원
가치주펀드	450만 원		
차이나펀드	120만 원	합계	7,500만 원
저축 보험	456만 원		
연금 보험	212만 원	긴급 예비 자금	500만 원
변액 보험	883만 원	출산 예비비	300만 원
월세 보증금	2,000만 원		
합계	8,248만 원	대출 상환 이후 남은 자금은 예비비로 활용토록 함.	

대출금을 상환하고 남은 잉여 자금과 월세 보증금 2,000만 원으로 전세 보증금 4,500만 원 반환. 긴급 예비 자금 500만 원과 출산 예비비 300만 원은 전세금 4,500만 원을 반환하고 남은 748만 원으로 준비.

주택 담보대출 전환(원금 균등 상환으로)

현재 담보대출의 '원리금 균등 상환' 방식을 '원금 균등 상환'으로 전환하여 매달 이자를 줄여 감. 줄어든 이자 차액은 632만 원.

■ 이정도 · 마영희 부부의 주택 담보대출 이자 비교

대출 원금	1억 2천만 원	
대출 이자	연 4%	※ 상환 방법에 따라 이자는 큰 차이를 보임
대출 기간	20년	원리금 균등 상환에서 원금 균등 상환으로 전환 시
거치 기간	없음	이자 632만 원을 아낄 수 있다.

상환 방법	원금+이자	총 이자	원금 및 총이자
원리금 균등 상환	727,176원(월)	54,520,540원	174,520,540원
원금 균등 상환	900,000원(첫 상환금)	48,199,200원	168,199,200원

◆ 원리금 균등 상환 – 가장 일반적인 방법으로, 원금과 이자를 합한 상환 금액이 매달 동일.

◆ 원금 균등 상환 – 매달 원금을 동일하게 상환하므로, 이자는 매달 줄어들게 됨. 단, 매달 이자가 줄어 들어 원금과 이자를 합한 상환 금액도 적어짐.

◆ 원금 만기 일시 상환 – 대출 기간 동안 매달 이자만 상환하고, 대출 만기일에 원금을 일시 상환함.

chapter 03

돈에 꼬리표를
붙여라

 "언니! 오늘 우리 집 집들이인 거
잊지 않았죠?"

"그럼. 벌써 갈 준비 다 했다. 뭐 필요한 거 없니?"

"그냥 오기만 해요."

말은 그렇게 해도 뭔가 바라고 있다는 걸 영희는 알고 있었다. 2년
이나 아래인 후배 세라는 동아리 멤버 중에 요즘 제일 잘 나간다. 결
혼도 일찍 했지만, 동기와 선배들을 제치고 제일 먼저 집을 장만하
더니 이젠 제일 중심가라고 손꼽히는 곳에 아파트를 장만해 이사한
다는 연락을 해왔다. 선배가 돼서 차마 내놓고 질투할 수 없었지만
영희는 친구를 통해 세라가 이사 가는 집이 49평짜리 아파트라는 말
을 들었을 땐 정말 뒷골이 당겼다.

'걔 나보다 훨씬 못 나갔던 앤데…. 지지배, 남편 잘 만나서 아주 팔자 폈구면.'

한바탕 질투를 퍼붓고 후배네 집으로 향했다. 과연 소문대로였다. 영희는 자기네 집보다 훨씬 넓은 집을 보니 자기 집이 너무 초라하게 느껴졌다. 집 구경이 끝나고 식사를 하려던 참이었다.

"언니와 동기들, 제가 워낙 솜씨가 없어서 요리 몇 개는 따로 시켰어요. 이해해 주세요."

"그래 알았어. 괜찮아."

너그러운 마음으로 식탁에 앉았다. 얼마 뒤 세라가 시킨 요리가 도착했다. 그러자 너도나도 값을 지불하겠다고 카드를 들고 나섰다.

"야, 이건 선배가 내 줄게."

"아냐. 내가 낼게."

그러자 세라가 그들을 막아섰다.

"아니에요. 이건 제가 계산할게요. 정 내고 싶으시면 현금으로 주세용."

세라는 봉투 하나를 들고 나와서는 그 속에서 돈을 꺼내 계산하더니 현금영수증에 쿠폰까지 철저히 챙겼다. 시켜 온 요리와 세라가 직접 솜씨를 발휘해 만든 요리로 풍성한 점심시간을 이어갔다. 식사는 수다로 이어졌다.

여자들이 제일 싫어하는 남자들의 이야기가 첫째 군대 얘기, 둘째 축구 얘기, 셋째 군대에서 축구한 얘기라고 했던가. 남자들이 싫어하는 여자들의 이야기는 무엇일까. 첫째 시댁 흉보기, 둘째는 남편

흉보기, 셋째는 시댁에서 태어난 남편 흉보기 아닐까. 중년에 접어드는 여성들의 이야기는 끊일 줄 몰랐다.

얼마나 시간이 흘렀을까. 벌써 시계는 오후 4시를 향하고 있었다. 그제야 다들 집에 갈 준비로 주섬주섬 움직였다.

"어머. 우리 애 학원에서 올 시간 다 됐다."

"맞다. 언제 이렇게 시간이 됐다니? 우리 다음번에 만나서 못다 한 얘기하자."

그때 모임의 총무를 맡은 한 친구가 나섰다.

"그건 그렇고, 다들 회비 내라. 5만 원이다."

회비란 말에 엉거주춤 가방을 열고 지갑을 꺼내 돈을 세고 있을 즈음, 방으로 들어간 세라가 또 봉투 하나를 들고 와 5만 원을 꺼내 회비를 건넸다. 궁금해진 영희가 물었다.

"야, 장세라! 넌 아까 음식값도 봉투에서 꺼내더니 회비도 봉투에서 꺼내니?"

"아, 저는 그게 습관이 돼서요. 돈 쓸 때도 각각 이름을 붙여 놔야 쓸데없는 돈을 쓰지 않거든요."

"와~ 대박! 미리미리 쓸 돈을 이렇게 다 적어 놓고 쓴단 말이야?"

"거의 그렇게 하고 있어요. 이 봉투들은 열 번씩은 재활용하고 있고요. 저 이래 봬도 계획성 있게 돈 쓰는 여자예요."

영희는 멍해지면서 갑자기 짠순이로 소문나던 친정엄마가 떠올랐다. 박봉인 아버지 형편에 맞춰 짠순이로 사셨던 어머니, 그럼에도 자식들 대학 교육까지 시키셨던 어머니는 늘 돈을 고무줄로 몇 묶음

씩 만들어 놓으셨다. 왜 그렇게 궁상맞게 사느냐며 통명스럽게 물으면 어머니는 이렇게 말씀하시곤 했다.

"돈도 다 쓸 데가 있는 기라. 이건 니 책값, 저건 니 동생 학자금, 이렇게 따로 해 놓지 않으면 도둑같이 없어지는 기라."

오랜만에 친구들과 만나 회포를 풀고 돌아오면서 영희는 점점 불러오는 배를 쓰다듬으며 중얼거렸다.

'힘찬아, 돈에도 정말 이름이 있나 보다.'

우연히 길을 걷다가 5만 원짜리 지폐를 주웠다고 하자.

'이게 웬 떡이냐. 오늘 이 돈 가지고 삼겹살이나 사 먹어야지. 아냐, 우리 애들 피자나 한 판 사다 주자! 아냐, 가을에 신고 다닐 구두나 한 켤레 사 볼까?'

별의별 생각을 하며 돈 쓸 궁리에 빠질 것이다. 5만 원은 대학 동창 모임의 회비가 될 수도 있고, 한 달 운동비가 될 수도, 통신비가 될 수도 있다. 하지만 주운 돈은 공짜 돈이고 써 버려도 되는 돈이란 등식으로 5만 원을 물처럼 써 버릴 확률이 크다.

심리적 회계(Mental Accounting)라는 게 있다. 시카고대학교 리차드 테일러 교수가 사용한 개념이다. 심리적 회계 개념은 돈을 어떻게 사용할 것인지 생각하게 만든다.

심리적 회계란 사람마다 돈에 꼬리표를 붙여 돈에 대한 평가를 달리한다는 것이다. 앞의 예처럼 5만 원을 주웠을 때 그 돈은 열심히 일해서 번 돈과는 다르게 생각한다. 사실 돈은 똑같은 돈이다. 지갑 속에 다른 지폐들과 섞어 놓으면 어떤 돈이 주운 돈인지도 모른다. 하지만 사람들은 '5만 원은 주운 돈, 노력하지 않고 얻은 공돈'이란 꼬리표를 마음속으로 붙이게 된다. 그러다 보면 주운 돈 5만 원을 별로 아까워하지 않고 써도 된다는 심리가 생긴다.

사람들은 돈을 쓰는 데 나름대로 계정을 정해 놓고 의사 결정을 한다. 그런데 불로소득 계정에 들어 있는 돈은 대충 써도 너그럽게 받아들이게 된다. 반면 힘겹게 일해서 번 5만 원은 몇 번 생각하고 꼼꼼히 따져 본 뒤 쓰게 된다.

이 심리적 회계는 가정경제에 민감하게 작용한다.

복권 당첨금은 대부분 흥청망청 쓰게 된다. 그들의 마음속에 복권 당첨금은 불로소득이란 꼬리표가 붙기 때문이다. 반면 채솟값이 2,000원에서 3,000원으로 올랐을 때는 달라진다. 심각하게 고민하고 몇 번을 채소를 들었다 놨다 한다. 마트를 몇 바퀴 돌며 살까 말까 망설이는 이유는 무엇인가. 피 같은 생활비가 1,000원이나 더 들어가야 한다는 심리적 고민을 하기 때문이다.

가정경제를 이끌어 가는 엄마라면 심리적 회계를 잘 이용해야 한다. 이를 위해 소비되는 부분에 대한 계정을 제대로 설정해야 한다. 한꺼번에 뭉뚱그려 생활비로 설정해 두기보다 항목별로 이름을 붙이는 것이다. '식료품비' '교육비' '의료비' '주거비' 등등의 꼬리표를 붙여 두면 쓸데없는 지출을 줄이게 된다.

돈에 꼬리표를 붙여 놓았다고 해서 반드시 그 비용만큼 다 쓰는 건 현명하지 않다. 심리적 회계는 지출에 초점을 두는 것이 아니다. 궁극적으로 소비를 하지 않고 그 돈을 강제적으로라도 저축하는 방향으로 선회하는 데 목적이 있다.

고객들과 이야기를 나누다 보면 저축에 대해 상당히 부담스러워한다. 재무 목표에 따라 목돈을 마련하기 위해 저축을 권유하면 도저히 저축할 여력이 안 된다며 난색을 표한다.

"그럼 빚을 내서라도 저축을 하란 말씀이세요?"

"아니요. 써야 할 돈을 저축으로 전환하세요. 저축할 돈을 먼저 빼놓는 선 저축, 후 소비로 하시면 또 그렇게 조정이 됩니다."

과연 그럴까 싶은 표정으로 반신반의하는 고객들을 볼 때면 심리적 회계에 대한 조언을 해 준다. 저축할 돈이라는 꼬리표를 붙여 마음속 회계장부를 만들면 강제 저축을 하게 된다.

한 고객은 심리적 회계의 개념을 잘 활용하여 소비 습관을 바꾸었다. 누수 자금이 많았던 고객은 자신에게 들어오고 나가는 자금에 모두 꼬리표를 붙여 놓았고 일정 기간 연습하고 실천한 결과 꽤 많은 강제 저축을 할 수 있었다. 예상외로 나가던 자금도 많이 줄었다. 이처럼 마음속 회계장부에 맞춰 꼬리표를 붙이면 그에 맞는 씀씀이와 저축 행동이 생긴다.

chapter 04

나, 하루에
100만 원 쓰는 여자야!

"어머… 주미 엄마! 역시 평수가 넓
어지니 훨씬 좋네요. 솔직히 지난번 집은 작다는 생각이 들었는데…
여기는 확실히 좋다."

"그러게. 인테리어도 해서 그런지 깨끗하고 좋아요. 와~ 부럽다."

집에 초대한 학부모들은 집 여기저기를 다니며 칭찬을 쏟아냈다.
집을 옮기면서 여러 우여곡절이 많았지만 영희도 그때만큼은 우쭐
했다. 역시 집밖에 남는 게 없다는 생각을 하며 손님들을 대했다.

"그런데 주미 엄마, 거실이 좀 휑해요. 이제 찬바람도 부는데 바닥
에 카펫이나 다른 거 깔면 더 푹근해 보이고 좋겠다. 요즘 러그도 예
쁜 거 많아요. 아, 그리고 저 거실장 양옆에도 구조물 같은 거 놓으
세요. 훨씬 분위기가 달라 보일 거예요."

전직 인테리어 디자이너 출신이라는 한 학부모가 알은체했다. 주미 친구네 엄마였던 그녀의 한마디가 영희의 쇼핑 본능을 일깨웠다. 가뜩이나 러그를 구입하고 싶었기에 마치 도화선에 불이 붙듯 백화점으로 향했다.

백화점으로 향하는 버스 안에서 띠링띠링 알림음이 연속 세 번 울렸다.

'이세진 님 영어 학원 등록 기간이 되었습니다.'

'이주미 님 영어 학원 등록해 주세요.'

'이주미 님 수학 학원 등록 기간입니다.'

영희는 기분이 팍 상했다. 벌써 한 달이 지났나 싶은 마음도 들고 등록 기간이 임박할 때까지 버티고 버티다가 등록을 할까 생각도 들었다. 그러다가 어차피 낼 돈 빨리 내는 게 낫다는 결론에 이르렀다.

버스에서 내려 일단 학원으로 향했다. 세 군데 학원을 들러 카드로 결제를 하고 나니 속이 다 시원했다. 마치 돈 받으러 온 사람에게 다 갚은 기분이 든 영희는 다시 백화점으로 향했다.

"고객님, 러그는 재질이 중요합니다. 사실 러그는 인테리어적인 요소가 크기 때문에 거실을 다 덮는 것보다 포인트를 주는 게 좋아요."

"그런가요? 저희 거실이 브라운 계통인데…."

"이 베이지 색상이 좋을 것 같아요. 카펫과는 달리 먼지도 잘 나지 않고…."

직원은 물건을 팔고야 말겠다는 심산으로 최선을 다해 설명을 이어갔다. 영희의 마음도 움직였다. 마음속에서는 러그가 깔린 거실을 이미 상상하고 있었다. 거칠거칠한 것 같으면서도 부드러운 재질의 러그가 깔리면 왠지 품격이 높아질 것 같았다.

"고객님, 갖다 놓으시면 정말 후회하지 않으실 거예요. 거실이 확 살아날 겁니다."

마지막 말에 그녀는 질러 버리기로 작정했다. 품격이 높아지고 싶었다. 거실을 고급스럽게 꾸미고 싶었다. 직원의 설명을 듣고 결정을 내리기까지 몇 번이나 가계부가 눈앞에 왔다 갔다 했지만 결국 그녀의 욕망이 이기고 말았다.

"제가 최대한 가격 잘해 드릴게요. ○○카드 있으시죠? 마일리지 카드도 있으시고요?"

직원은 별의별 카드에 대해 물었다. 더 많이 할인이 된다는 말에 지갑을 홀랑 뒤집어 결국 백화점에서 원하는 카드를 찾았다. 보물을 찾은 듯 기분이 좋아진 그녀는 무려 39만 원짜리 러그를 이것저것 할인받아 30만 원에 구입할 수 있었다.

"정말 싸게 구입하신 거예요. 거의 10만 원 가까이 할인받으신 거니까 25퍼센트는 할인된 겁니다. 이 제품은 내일 댁으로 배송해 드릴게요."

"네. 잘 부탁드려요."

직원의 깍듯한 인사를 받으며 매장을 나오는 영희는 어깨가 으쓱했다. 뭔가 해 냈다는 기분이 들기도 하고 뭔가 있어 보이는 기분도 느꼈다고 할까.

매장을 돌아 나오며 내친김에 거실 탁자 위에 놓을 구조물까지 볼까 하다가 시간이 부족해 서둘러 집으로 돌아왔다. 현관문을 열고 집에 들어서자 영희는 새롭게 바뀔 거실을 생각하며 한껏 부풀었다.

그때 우우웅 하고 가방에서 핸드폰 진동 소리가 들렸다. 얼마 동안 핸드폰을 잊고 지낸 것을 생각해 낸 영희는 가방에서 핸드폰을 꺼내 천천히 문자들을 확인했다. 그런데 그 문자에 뒤통수를 잡고 싶었다.

'○○ 카드 35만 원 결제. 영어 학원'

'○○ 카드 21만 원 결제. 영어 학원'

'○○ 카드 16만 원 결제. 수학 학원'

'○○ 카드 30만 원 결제. ○○ 백화점 카펫'

'○○ 카드 3만 원 결제. ○○ 음식점'

눈을 비비며 결제 금액을 확인하는데 분명 자신이 긁은 카드 액수가 맞다. 수학은 못 해도 숫자에는 꽤 강한 영희는 열심히 머릿속 계산기를 두드렸다. 계산해 보니 하루에 긁은 카드값이 100만 원을 초과했다.

"말도 안 돼. 어떻게 하루에 100만 원을 넘게 썼지?"

정신이 번쩍 들었다. 애써 자기 자신에게 변명을 해 보기도 했다. 어차피 학원비는 꼭 써야 할 돈이었는데 하필 하루에 몰아서 결제하는 바람에 이런 결과를 초래했다고. 그, 그것도 거실 인테리어를 하는데 꼭 하고 싶던 목록이었으니 어차피 쓸 돈이었다고. 열심히 변명거리를 찾아 각 돈에 대해 꼬리표를 붙이고 있는데 '하루에 100만 원 쓴 아줌마'라는 꼬리표는 기분이 좋지 않았다. 호기롭게 백화점에서 카드를 긁던 때와는 전혀 다른 기분이었다.

❖ ❖ ❖

지름신의 유혹을 비껴가기가 힘들다. 각종 가사와 육아, 자신의 일까지 감당하는 여성들에게 지름신은 스트레스의 탈출구요, 남편을 향한 선전 포고요, 한 번쯤 경험해 보고 싶은 일탈이다.

그러나 지름신 강림의 기쁨은 잠깐이고 아픔은 오래간다. 대부분은 지름신 강림으로 거센 후폭풍을 맞는다. 어떤 여성은 한 달 수입의 절반이나 하는 가방을 구입한 뒤 한 달 내내 점심으로 삼각 김밥을 먹었다고 한다.

좀 크게 지른 고객도 있다. 남편과 크게 다투고 남편 명의로 대출을 받아 오피스텔을 덜컥 사 버렸다. 말인즉슨 혹시 갈라서게 되면 오피스텔에 들어가려고 그런 대범한(?) 일을 저질렀다는 것이다. 결과적으로 매입했던 오피스텔을 처분하기까지 취득세 등을 비롯한 부수 비용으로 수백만 원이 깨졌다는 가슴 아픈 고백을 하기도 했다.

가정경제의 주체인 엄마가 조심할 부분이 지름신의 유혹이다. '만약 당신에게 하루 1억을 준다면 하루 만에 다 쓸 수 있습니까?'라는 물음을 던졌을 때 몇 년 전까지만 해도 사람들은 그 많은 돈을 어떻게 다 쓸 수 있느냐고 묻는 이들이 많았다. 그러나 지금은 다르다. 없어서 못 쓴다고 대답한다. 그만큼 이 사회는 소비지향적으로 가고 있다. 한마디로 '소비하게 만드는' 시대다. 그 속에서 엄마들이 현명하게 살아가는 전략이 필요하다.

소비 체질을 개선하려면 가장 먼저 자신이 어디에 돈을 쓰고 있는

지 점검해야 한다. 경제에 문제가 있는 가정을 보면 돈을 어디에 어떻게 쓰는지 모르는 경우가 많다. 신용카드 결제 내역을 문자 서비스가 편리하게 알려 주지만 그것조차 확인하지 않는다.

한 주부가 있었다. 그녀는 매일 영수증을 차곡차곡 모아두고 가계부에 붙여 놓는 일에 철저했다. 그런데 정작 그녀는 과소비를 했고 남편은 그것이 불만이었다. 영수증을 모아 놓고 가계부를 쓸 정도면 살림을 잘할 것 같았는데 의아했다.

가계부를 제대로 쓰고 있지 않은 것이 원인이었다. 영수증을 모아 놓는 것이 습관이고 쓴 항목을 가계부에 정리했으나 수입과 지출을 맞춰 보는 일은 전혀 없었다. 가계부가 아닌 금전출납부 수준이었던 것이다. 이 정도면 가계부는 그저 다이어리 꾸미기와 같은 취미 활동인 셈이다.

물론 꼼꼼하게 가계부를 정리하며 가정경제를 효율적으로 꾸려 가는 이들이 많다. 스마트한 세상이 열렸기 때문에 가계부를 직접 쓰는 수고를 하지 않더라도 통장 관리만으로도 돈이 들고 나는 것을 파악할 수 있다.

어쨌든 여러 도구와 장치들을 통해 지출의 정확한 경로를 파악하는 게 중요하다. 어디에 얼마의 돈을 쓰고 있는지, 그 돈을 줄일 수는 없는지, 반드시 필요한 지출이었는지 따져 보는 데서 소비 체질이 변할 수 있다.

또한, 생각을 몇 단계 거친 후에 소비하는 습관을 들여 보자. 좋은 물건을 만났을 때 7초 동안 생각하고 결정하라는 카드 회사 광고 카피가 있다. 그러나 소비 습관을 개선하는 데 있어 7초는 너무 짧다. 7초가 아니라 7번을 생각해도 부족하다. 적어도 며칠 동안 고민해 보아야 한다. 한 번 더 생각하면 좀 더 싼 가격을 만날 수 있고, 두 번 더 생각하면 싸고 좋은 제품을 만날 가능성이 크다. 여러 번 생각하면 꼭 필요한 물건이 아니라는 것을 깨닫게 될 수도 있다. 소비를 결정하는 데까지 생각의 단계는 많으면 많을수록 좋다.

필자 역시 디자이너로 일하던 시절에 소비에 일가견이 있는 사람이었다. 수입도 괜찮았고 앞으로 더 벌 수 있을 거란 자신감 때문에 앞날의 대한 준비를 크게 하지 않았다.

그러나 재무 상담의 길로 들어서게 되면서 그간의 소비 습관이 크게 잘못되었다는 것을 깨달았다. 스스로 얼마나 자만해 있었는지, 얼마나 무분별한 소비를 했는지 깨달은 뒤로는 작은 것 하나 사는 데에도 며칠 동안 고민하고 결정한다. 대신 뭔가 사야 할 것을 결정하면 시간이 걸리더라도 그것을 위해 따로 돈을 모아 구입하도록 했다.

아무리 계획한 소비라 할지라도 그것이 정말 필요한지 몇 번씩 생각하는 단계를 나름 정했다. 아파트로 이사하고 난 뒤 에어컨 없이 지내다가 더 이상 견디기 힘든 상황이 되어서야 에어컨을 사기로 했다. 결정하기까지 꼭 필요한 물건인지 열 번도 넘게 생각하고 남편과 의논했다.

에어콘을 사야 한다는 결론에 이르렀을 땐 바로 행동에 옮겼다. 성능 좋은 제품을 싼 가격에 사는 것이 최선의 방법이었기에 각 브랜드별 전자 대리점부터 할인 마트까지 대여섯 차례 다니고 여러 인터넷 사이트를 찾아 제품과 가격을 비교해 보았다. 가격이 괜찮아도 그 자리에서 결정하지 않았다. 섣불리 지불하지 않겠다는 의지였다. 그 뒤 집으로 돌아와 그간 얻은 정보를 종합한 후, 매장에 전시되어 있던 제품으로 결정하고 구입했다. 이런 소비 습관은 지금도 이어지고 있다. 그러다 보니 발은 고달파도 통장에는 돈이 쌓여 갔다.

소비 체질은 한 번에 바꿀 수 없다. 특히 지름신의 공격은 무차별적이기에 소비 환경을 차단하기 위한 방화벽을 세워야 한다. 다음은 그 방화벽이 되는 소비를 결정하기까지 거쳐야 할 단계다.

소비를 결정하기까지 거쳐야 할 다섯 단계

1. 제품이 왜 필요한지 생각한다.

2. 제품이 없어도 되는 이유를 생각한다.

3. 필요한 이유가 더 많다면, 그 제품에 대한 정보를 가능한 한 많이 수집한다.

4. 마음에 들었다고 그 자리에서 결정하지 않는다.

5. 적어도 세 번 이상 고민한다. 그 자리에서 결제하지 않는다. 특히 카드결제는 금물! (계좌 이체 등의 방법을 통해 한 번 더 생각할 시간을 가진다.)

여성을 위험에 빠뜨리는 소비 심리

• 남들도 저만큼 사는데 나도? – 전시 효과

다른 사람의 생활 방식을 보며 그 수준, 또는 그 이상의 수준으로 높아지기 원하는 소비 심리다. 소득 수준이 낮은 농촌에서 높은 도시의 생활양식을 따라가는 것도 일종의 전시 효과다. 다른 이들의 소비 품목이나 소비 패턴을 보고 그들의 수준에 맞춰 가려는 소비 심리에 따라 소비 패턴이 바뀌는 것을 말한다.

• 남들이 하는 건 나도 할래 – 밴드 웨건 효과

누구나 유행하는 구두 한 켤레, 유행하는 가방 하나쯤 갖고 싶어 한다. 많은 사람들이 갖고 있는 것을 나만 갖고 있지 않을 때 왠지 위축되고 시대에 뒤떨어진 느낌이 든다. 본인 성향에 맞지 않아도 그저 유행에 편승하기 위해 물건을 구입하는 것을 밴드 웨건 효과라고 한다. 밴드 웨건은 맨 앞에서 행렬을 이끄는 악대 차를 의미한다. 사람들이 그 악대 차를 보고 호기심에 이끌려 가듯, 다른 사람이 사니까 나도 사겠다는 모양을 빗댄 것이다.

이와는 달리 남들 다 사는 제품은 사지 않겠다며 홀로 자신만의 소비를 즐기는 자들의 심리를 '스놉 효과'라 한다.

• 한 번 올라간 수준은 낮추기 싫어 – 톱니 효과

한 번 올라간 소비 수준은 웬만해선 내려오지 않는다. 수입이 늘어났을 때 올라간 소비 심리가 수입이 줄었다고 같이 줄지 않는다. 지갑이 얇아진다고 해서 구매 욕구가 하루아침에 사라지는 것은 아니다. 넉넉하지 않더라도 기존에 살던 방식대로 자신의 라이프스타일을 유지하고 싶은 것을 톱니 효과라고 한다. 외제 차를 타던 사람이 국산 차로 쉽게 바꾸지 못하는 것도 이 톱니 효과 때문이다.

• 깔맞춤을 해 볼까? – 디드로 효과

프랑스의 철학자 드니 디드로의 이름을 땄다. 디드로가 우아하고 멋진 붉은색의 겉옷을 선물 받았는데 그 옷에 어울리게 책상을 바꾸고 벽걸이를 바꾸고 결국에는 모든 가구와 인테리어가 바뀌게 된 데서 유래했다. 하나의 물건을 갖게 되면 그것에 어울리는 다른 물건을 계속해서 사게 되는 현상이다. 즉, 꼬리에 꼬리를 무는 소비다.

• 비쌀수록 사고 싶어 – 베블린 효과

아무리 경제가 불황이라도 명품백은 날개 돋친 듯 팔린다. 왜 그럴까? 가격이 비싸면 그만큼 가치가 있다는 심리 때문이다. 비싼 명품을 구입할수록 자신의 위상이 올라갈 것이라고 기대한다. 이렇듯 가격이 오를수록 과시욕과 허영심으로 수요가 늘어나는 현상이 베블린 효과다.

chapter 05

소비의 주범,
신용카드를 꺾어라

 "놀이공원 오셨어요? ○○ 카드 만
드시면 자유이용권 2매 공짜로 드려요."

"아뇨, 됐어요."

놀이공원 주차장에 차를 주차한 순간부터 사람들이 접근하는 모양
새를 보아하니 단체로 카드 영업을 하러 나온 것 같았다. 영희는 식
구들과 함께 잰걸음으로 매표소로 향했다. 그때 또 한 명이 다가서
더니 은근한 목소리를 건넨다.

"사모님, 즐겁게 놀다 가시면 좋잖아요. 제가 특별히 자유이용권
4장 드릴게요. 카드 한 장만 만드시면 돼요."

자유이용권 네 장이라는 말에 순간 귀가 쫑긋 세워지는 건 당연지
사. 웬만하면 카드를 사용하지 말자고 다짐했기에 잠깐 멈칫했다. 그

런데 한편에선 자유이용권을 공짜로 받게 된다면 원래 오늘 입장료로 쓸 10만 원 정도가 굳는다는 생각에 갈등이 시작됐다.

"엄마, 빨리 들어가자. 빨랑 가서 줄 서야 탈까 말까란 말이야."

아이들은 빨리 들어가고 싶어 안달이었다. 잠자코 있던 남편도 한마디 거들었다.

"어디 카드야? 네 명이나 공짜면 그냥 하나 만들어. 어차피 나중에 해지하면 되는데 뭘."

"그럴…까?"

영업하는 사람이 하도 빨리 설명을 해서 어떤 조건이었는지 가물가물했지만, 아이들의 신 난 기분을 망치고 싶진 않았다.

'그래, 어쨌든 연회비가 나간다고 해도 까짓거 한 번 내면 되고 3개월만 쓰고 해지하면 된다고 했으니 그냥 만들지 뭐.'

영희는 쿨하게 인정했다.

신용카드 회원으로 가입하고 받아 든 자유이용권에 두 아이는 신이 날 대로 나서는 여기저기 놀이기구를 타러 다니느라 바빴다. 영희도 아이들 따라다니며 줄도 서 주고 간식거리도 챙겼다.

점심 먹을 시간이 되자 다들 식당으로 향했다. 메뉴를 정하자 남편이 재빨리 계산대 앞에 섰다.

"내 카드로 긁자. 결제 금액 30만 원 넘어야 인터넷 무료 쿠폰이 나온단 말이야. 대신 현금으로 줘."

"뭐야. 자기 거로 긁었으면 자기가 낸다는 말 아니야?"

"아냐. 내가 돈이 어디 있냐? 빨랑 현금으로 줘."

남편은 거의 뺏다시피 돈을 채갔다. 치사했지만 영희는 꾹 참고 즐기기로 했다. 생각해 보니 놀이공원 입장권과 바꿔 버린 카드가 나오면 그것도 일정 금액 이상 결제해야 했다. 카드로 결제해야 할 것이 밀려 있는 셈이었다.

잠시 뒤 공원 한쪽에서 시끌벅적한 소리가 들렸다. 맥주와 소시지 파티를 한다며 독일 하우스 맥주 페스티벌이 한창이었다. 가뜩이나 애들 쫓아다니며 목도 마른 상태였는데 남편의 눈빛이 반짝였다.

"여보, 나 저거 저거. 다른 음료도 있네. 우리도 가서 페스티벌을 즐겨 보자고."

"와, 재밌겠네."

"좋아. 달려 봅시다! 여보, 어차피 이런 데 오면 돈 쓰는 거야. 기왕 쓸 거 내 카드로 긁자. 사실 다른 카드 결제 금액도 좀 모자랐거든? 이왕 채워 주는 거 선심 팍팍 써."

"뭐? 자기 카드로 긁고 자기만 혜택받겠다, 이거야? 싫어! 나도 내 카드로 긁어서 마일리지 팍팍 올릴 거야."

그날 영희네 부부는 카드로 티격태격하다가 결국 카드만 신 나게 긁고 돌아왔다는 슬픈 얘기!

누구나 신용카드 때문에 어려움을 당해 보았을 것이다. 자기도 모르게 카드 피싱을 당해 결제를 당한 적도, 카드 명세서를 보고 경악

한 적도, 무분별하게 카드를 긁다가 한도 초과로 창피를 당한 적도 있을 것이다. 신용카드 현금서비스로 빚을 돌려 막다가 신용 불량자가 되기도 했을 것이다.

한 지방의 공공기관 직원이 수십억이 넘는 공금을 빼돌린 사건이 보도된 일이 있다. 그는 공금을 빼돌려 영업 실적이 누수된 부분을 막고 나머지로 엄청난 호화 생활을 즐겼다고 한다. 명품 구입은 물론 상당 금액을 골프, 차, 외식 등 사치하는 데 신용카드를 썼던 것으로 드러났다. 신용카드 결제액이 5억 이상이었다고 하니 기가 막힌다. 비양심적인 공금횡령도 문제지만 신용카드의 무분별한 사용으로 한 사람의 인생이 얼마나 무너졌는지 짐작할 만하다.

가정경제에서도 신용카드가 미치는 영향력은 크다.

대부분의 사람들은 한 달 생활비가 어느 정도 되는지 물어 보면 정확하게 얼마라고 바로 대답하지 못한다.

"정확히 모르겠는데요. 한 달 카드값이 200에서 300만 원 사이니까 그 정도가 아닐까요?"

신용카드로 모든 것을 해결하다 보니 생활비의 정도를 체감하지 못하는 것이다. 카드를 그만큼 많이 사용하고 있다는 말이기도 하고 수입에 비해 생활비가 너무 많이 소비되고 있다는 증거이기도 하다.

과소비를 측정하는 기준이 있다. 매월 신용카드의 대금 결제액이 수입 총액의 30퍼센트를 넘으면 과소비다. 수입의 30퍼센트 이상이 카드 대금이라면 빚으로 생활하고 있는 것이나 마찬가지다. 심지어 어떤 사람은 수입의 반 이상이 카드 대금으로 나가기도 한다.

물론 신용카드의 좋은 점도 있다. 사용하기 편리하다, 캐시백, 마일리지 등 서비스 혜택이 많다, 다급할 때 유용하게 사용할 수 있다 등등의 이유를 든다. 그러나 뒤십어 이야기하면 곧 허점이 되는 내용들이다.

카드 사용에 있어 캐시백이나 마일리지 등에 현혹되는 경우가 많다. 차곡차곡 쌓은 마일리지로 뭔가를 장만하면 기분이 좋다. 왠지 공짜로 물건이 생긴 것 같다. 카드를 쓰면 돈을 버는 것이란 생각을 심어주는 것이 카드사의 할인과 포인트다. 그런데 할인에는 까다로운 조건이 붙어 있다. 할인을 받기 위해 써야 할 금액이 있고 할인율이 높은 카드는 더 많이 써야 한다는 조건이 있다. 그러니 만 원을 할인받는다는 기쁨을 누리기 위해 때로 30만 원을 써야 하는 일이 벌어지기도 한다. 게다가 할인받는 금액이 생각보다 적다.

캐시백이나 마일리지의 경우, 사용에도 제한이 있다. 지금은 많이 개선되었지만, 포인트의 경우 사용처가 제한적이라서 내가 원하는 혜택을 받지 못할 수도 있다. 마일리지 제도 역시 카드 사용 기간에 비해 혜택 기간이 턱없이 짧고, 카드사의 제반 서비스는 변경이 가능하기에 넋 놓고 있다가 서비스 자체가 필요 없는 서비스로 변경될 수도 있다는 점을 알아두어야 한다.

어떤 사람들은 신용카드를 통해 공제받는 것에 연연해하기도 한다. 연말정산을 할 때, 많이 돌려 받기 위해 일부러 신용카드를 쓰기도 한다. 그런데 이것 역시 현명한 선택이 아니다. 최근 세법 개정에 의하면 신용카드 결제의 소득공제 비율이 줄어들었다. 현금이나 체크카드로 결제할 경우 결제 금액에 대해 30%까지 소득공제를 해 주지만 신용카드는 15%로 줄었다. 이전에 20%까지 공제해 주는 조건이 줄어들었기에 신용카드 결제가 갖는 메리트는 갈수록 사라지는 셈이다.

특히 신용카드의 가장 큰 위험은 현금서비스다. 돈은 급하고 마땅히 빌릴 곳이 없을 때, 신용카드의 현금서비스는 도움이 된다. 그러나 현금서비스는 수수료가 붙을 뿐더러 금리도 무척 높다. 현금서비스를 체면 때문에 받는 경우는 큰 낭비다. 어떤 사람은 모임에서 회비를 내려고 하는데 현금이 없자, 현금서비스를 받아 건네기도 한다. 회비 같은 것은 후에 통장에서 자동이체를 할 수 있는데도 자존심과 체면 때문에 누수 자금을 만드는 셈이다.

당장 목돈이 없는데 어떤 값비싼 물건을 사야 할 때, 신용카드는 도움이 되기도 한다. 그러나 할부 수수료가 엄청나다. 요즘 핫 아이

템으로 주목받고 있는 3D 스마트 텔레비전을 산다고 가정해 보자. 120만 원 정도의 가격을 책정한 뒤 6개월 할부로 결제할 때 할부 수수료는 얼마나 될까. 카드사마다 신용 등급에 따라 수수료율이 조금씩 다르지만 보통 20% 가까이 된다. 할부 수수료율을 20%로 할 때 할부 수수료 계산법과 월 납입액은 다음과 같다.

할부 수수료 = 할부 이용 대금(잔액 기준)×할부 수수료율×(1÷12)

월 납입액 = 할부 이용 대금÷할부 기간(월 단위)

그러므로 120만 원짜리 TV를 6개월 할부로 구입했을 때 수수료가 2만 원(1,200,000×0.2×1÷12=20,000) 정도가 된다. 월 납입액은 22만 원(1,200,000÷6+20,000=220,000)이 되는 셈이다. 개월 수에 따른 할부 수수료는 다음과 같다.

개월	할부 수수료	월 납입액(할부 이용 대금/할부 기간 +수수료)
1개월차	120만 원 × 0.2/12 = 20,000원	20만 원 + 20,000 = 220,000원
2개월차	100만 원 × 0.2/12 = 16,700원	20만 원 + 16,700 = 216,700원
3개월차	80만 원 × 0.2/12 = 13,400원	20만 원 + 13,400 = 213,400원
4개월차	60만 원 × 0.2/12 = 10,000원	20만 원 + 10,000 = 210,000원
5개월차	40만 원 × 0.2/12 = 6,700원	20만 원 + 6,700 = 206,700원
6개월차	20만 원 × 0.2/12 = 3,400원	20만 원 + 3,400 = 203,400원
합계	70,200원	1,270,200원

즉 120만 원짜리 TV를 6개월 할부로 할 때 127만 원이 넘는 돈을 지불하는 셈이다. 할부 개월 수가 늘어나면 그만큼 이자도 더 늘

어난다.

한때 무이자 할부 서비스가 있어서 소비자들이 고가의 물건을 사기도 했지만, 지금은 그런 혜택을 카드사가 줄여 가고 있다. 회사 입장에서는 할부 수수료의 단맛을 포기할 수 없기 때문이다. 과감히 신용카드를 꺾는 결단이 필요하다.

신용카드로 모든 생활을 이어가는 한 워킹맘 고객이 있었다. 사회적 체면에 신경 쓰는 그녀였기에 품위 유지비가 많이 들었다. 자녀들 학원도 교육비를 생각하지 않고 무조건 최고의 학원으로 보냈다. 고가의 장비가 들어가는 취미 생활을 하고, 그에 맞는 의류를 구입하고, 강습비까지 카드로 결제하는 터에 수입의 60%가 카드값으로 나갔다.

과소비로 인한 무분별한 카드 사용이 문제였다. 일단 신용카드 사용을 자제하도록 하고, 쇼핑 리스트를 작성해서 소비 습관을 바꿔보기로 했다. 그러나 고객에게 쉬운 일이 아니었다.

결국 강한 자극을 위해 사용하던 신용카드를 꺾어서 자르기로 했다. 비상용으로 신용카드 한 장은 한도액을 최대한 낮추어 남겨 놓고 남은 카드 모두를 없앴다. 이때, 해지한 카드가 다섯 장 정도였다.

자신의 경제 상태를 인지한 고객은 그 후 조금씩 바뀌기 시작했다. 사고 싶은 게 생기면 최대한 구입을 미루고, 취미 활동도 줄였다. 신용카드 대신 체크카드를 사용했다. 그녀는 처음에는 금단 현상까지 온다며 힘들어했지만 결국 신용카드와 결별했고 재무 상담을 받은 지 2년 만에 자금을 모아 자녀가 그토록 가고 싶어 하던 해외 연수를 보낼 수 있었다.

지금 당장 지갑을 열어 보길 바란다. 이름도 모르는, 언제 가입했는지도 모르는 카드가 분명히 있을 것이다. 긁을 때만 위로 받고 긁고 난 뒤에 후회가 밀려오게 만드는 신용카드를 꺾어 버리자.

신용카드의 두 얼굴

1. 선 포인트 제도의 함정

선 포인트 지급 서비스는 카드사로부터 현금처럼 쓸 수 있는 포인트로 상환받아 물건 값을 할인받고 나서 이 금액을 나중에 약정 기간(최장 3년) 동안 카드 이용 실적에 따라 쌓이는 포인트로 갚는 제도다. 10만 원짜리 물건을 살 때 3만 원만 결제하고 할인받은 7만 원은 앞으로 사용할 신용카드 포인트로 미리 갚는 것이다.

언뜻 봐선 돈이 적게 나가고 어차피 써야 할 신용카드니 문제가 없어 보인다. 그런데 선 포인트 할인에는 상환 기간이 있다. 기간 내에 신용카드 이용 실적이 부족해 포인트를 쌓지 못하면 지원받은 금액을 현금으로 갚아야 한다. 포인트 적립은 생각처럼 쉽지 않다. 또 이 포인트에 연연하다 보면 쓸데없는 소비가 발생한다. 카드 사용금의 1.25%가 포인트로 쌓이고 약정 기간이 3년일 때, 선 포인트 최대 한도인 70만 원을 할인받았다면 3년간 신용카드로 월평균 170여 만 원을 써야 한다. 실제 선 포인트로 할인받은 이들의 43%가 사용액을 채우지 못해 할인받은 금액을 되갚았다고 한다. 또한 상환 기간에는 다른 카드를 사용하는 데 제약을 받을 수 있다.

2. 리볼빙 서비스의 덫

리볼빙 서비스는 카드 이용 대금 중 일정 비율만 결제하면 잔여 결제 대금의 상환을 연장할 수 있는 서비스를 말한다.

리볼빙 서비스를 이용하는 소비자의 37.6%가 신용 등급이 낮은 소비자인 만큼 연체율도 높다. 리볼빙 서비스의 평균 수수료율은 20.4%인데 신용 등급이 낮을수록 수수료율은 24~26%로 높아진다. 이 수수료는 할부 금융 회사의 대출 이율(24.2%)과 비슷하다. 은행 신용대출 이율(6.9%)에 비해서는 3.1배가 높다.

현금 · 리볼빙 서비스는 사실상 신용대출에 해당하기에 연체가 없어도 신용 등급이 하락한다는 문제점이 있다. 리볼빙 서비스는 당장 카드값을 일부 연장해 준다는 장점이 있지만 높은 수수료로 인해 원래 결제해야 할 금액을 훨씬 뛰어넘는 빚을 만들 수 있다.

3. 청구서 건망증 유발

신용카드는 각종 건망증을 유발한다. 신용카드를 사용하게 되면 직접 지갑에서 돈이 나가지 않기 때문에 자신이 돈을 썼다는 생각을 잊게 만든다. 이것이 바로 신용카드 청구서 건망증이다. 신용카드를 사용하면 실제로 아무것도 내지 않은 것 같아서 돈을 가볍게 여기게 되면서 필요하지 않은 것까지 사게 한다. 실제로 20세기 말 청구서 건망증 발병 사례가 확인되기도 했다. 신용카드를 사용한 뒤 청구 액수를 잊어버리면서도 그 액수가 늘어날 것을 우려하여 초조해하고, 나쁘다는 걸 알면서도 복종하게 되는 강박 충동의 모습이 바로 그것이다.

chapter 06

사고 싶다. 외제 차!
팔고 싶다. 마이 카!

"정도야! 오늘 이 형님이 저녁 거하

게 쏜다. 나와라."

친구로부터 걸려 온 전화에 이정도 부장은 한껏 들떴다. 워낙 유쾌
한데다 돈도 잘 쓰는 기분파 친구, 친구들 사이에선 최갑부라 불리던
친구가 한턱낸다니 이건 거의 대박이었다.

퇴근 시간만 기다려 쌩하니 약속 장소로 가 보니 연락받고 나온 대
학 친구들 몇이 벌써 나와 있었다. 반가운 인사를 건네며 막 식사를
시작할 즈음 오늘의 주인공 최갑부가 등장했다.

"어서 와라, 친구야! 반갑다. 친구야!!"

반색하며 맞은 그 친구는 자리를 잡더니 한껏 어깨에 힘을 주고 있
었다. 오늘 모임의 주제가 궁금해진 이정도가 물었다.

"야, 친구! 오늘 이렇게 우리를 초대한 이유가 뭐야? 너 주식 대박이라도 났냐?"

"친구야~ 요즘 주식 잘못 했다가 쪽박 차는 거 모르냐? 이 형님이 오늘 새로운 애마를 타고 왔잖냐. 완전한 신상!"

말인즉슨 새로 산 차를 자랑하고 싶었던 것이다. 정도를 비롯한 다른 친구들은 애들처럼 차 자랑하러 나왔다고 핀잔을 주었지만, 그 친구는 아랑곳하지 않았다.

"얘들아, 나의 친구들아! 늬들은 차가 주는 기쁨과 행복을 모르니? 특히 신상, 새 차는 거의 연애를 새로 하는 그런 설레는 기분을 느끼게 해 준다니까. 요즘 나 연애하는 기분으로 산다! 어찌나 내 말을 잘 듣는지 액셀을 밟는 척만 해도 부아앙 나간다니까."

이쯤 되니 다들 얼마나 좋은 차를 샀는지 궁금해서 못 견딜 지경이 되었다. 대충 식사를 구겨 넣고 다들 주차장으로 나갔다. 과연 그곳에 저 멀리서도 눈에 띄는 신상품, 멋진 중형차가 한 대 놓여 있었다. 이정도는 더욱 관심 깊게 차를 살펴봤다. 외제 차는 아니었지만 거의 그에 버금가는 고급 차였다.

"최갑부! 너가 역시 이름값을 하는구나. 부럽다 부러워. 그나저나 이거 구입하느라 허리 좀 휘었겠다. 어떻게 마련했냐?"

"어허~ 신성한 새 차 시승식 현장에서 그런 재수 없는 걸 묻다니…"

"하하, 알았다. 그래도 같은 월급쟁이로서 걱정돼서 그런다."

"말이 나왔으니 내가 이야기해 줄게. 이거 대출 끼고 산 거라 앞으로 5년은 쥐죽은 듯 살아야 한다… 고 우리 마누라가 그랬지만 내가 그럴 수야 있나. 이렇게 친구들한테 한턱도 쏘고 새 차 구경도 시켜주고! 이러는 게 다 사는 맛 아니냐. 그치?"

그날 친구 최갑부는 별명의 명성에 보답하듯 식사비로 25만 원이나 썼고 노래방 비용까지 내며 새 차 신고식을 톡톡히 치렀다. 그러고는 신줏단지 모시듯 새 차를 몰고 기세 좋게 돌아갔는데 그 뒷모습을 보는 이정도는 두 가지 생각이 들었다. 하나는 '저 친구 자동차 대출금 갚으려면 고생 꽤나 하겠다.'는 것이고 또 하나는 '그래도 새 차를 사니까 무지 부럽다. 나도 새 차 타고 싶다.'는 것이었다.

요즘 들어 더욱 덜덜거리는 차를 몰고 집으로 돌아온 이정도는 아내에게 친구 얘기를 전하며 차 얘기를 슬며시 꺼냈다.

"와, 그 차 진짜 좋더라고. 당신 셋째 낳으면 좋은 차로 데리고 다녀야 할 텐데….“

아내 마영희가 잠자코 이야기를 듣고 있자 그는 한술 더 떠서 기름을 들이부었다.

"여보, 여보! 어차피 우리도 3~4년 사이에 차 바꿔야 하는데 한번 저질러 볼까?"

그러자 가자미눈을 치켜뜬 마영희가 아주 낮은 소리로 말했다.

"여보, 개그맨 김미화가 나중에 죽을 때 자기 묘비에 뭐라고 쓴다고 했는지 알아?"

"묘비명? 모르지. 그건 왜? 그게 지금 얘기랑 무슨 상관있어?"

"그 사람이 묘비명에 '개그맨 김미화, 웃기고 자빠졌네.'라고 쓴다고 했대. 내가 지금 당신한테 하고 싶은 말이랑 똑같아."

비장한 각오를 한 듯한 마영희의 얼굴은, 진짜 마녀처럼 무서워 보였다.

자동차는 이제 필수품이 되었다. 가정 재무 이벤트를 정할 때도 자동차 구입은 빠지지 않을 정도로 자동차는 덩어리가 무척 큰 재무 이벤트다. 그런데 과연 자동차가 필요할까. 가정경제와 연관 지어 생각해 볼 때 자동차로 인해 부과되는 지출 비용이 너무 크다. 그러므로 자동차 구입과 관련해서 가정에 정말 필요한지 살피는 일이 우선되어야 한다.

일단 차를 사는 데 들어가는 최소 비용이 얼마인지 따져 본다. 예를 들어 준중형차를 2,000만 원 정도로 생각했다고 치자. 차량 구입비 외에 취득세가 들어간다. 취득세는 차 구매 가격의 7%인 140만 원이 들어간다. 게다가 차 가격의 12%의 공채를 매입(공채 매입 비율은 지방마다 다름)해야 하기에 추가 비용 380만 원이 더 들어간다. 결국 차를 구매하는 데 드는 총비용은 2,520만 원 정도다.

차를 샀다고 해서 끝나지 않는다. 차량 유지 비용을 생각해야 한다. 자동차세는 1,600cc 이하 기준으로 cc당 140원이다. 1,600cc 차량은 약 23만 원이 자동차세로 부과된다. 기름값은 얼마나 들까? 하루 평균 30km로 달린다고 하면 1년에 800ℓ가 소요된다. 리터당

1,900원의 기름을 값으로 치면 152만 원이 된다. 게다가 보험료까지 들어간다. 차를 사는 비용에 만만치 않은 비용이 유지비로 들어가는 것이다.

보수 유지비도 있다. 차는 소모품이기에 고장날 수밖에 없다. AS 기간을 넘기면 고장 수리비가 더 들어가므로 차량 유지비가 만만치 않다.

그럼에도 구입해야 한다면 어떤 방법이 좋을까.

수천만 원에 달하는 자동차를 전액 현금으로 구입하기는 힘들다. 그러나 가능한 한 구매 대금은 현금을 이용하도록 한다. 정 부족한 부분은 캐피탈 회사를 알아본다. 급하다는 이유로 신용카드 할부로 구입하면 이자 폭탄을 맞을 수도 있다.

자동차 금융은 자동차 대출과 할부 금융, 오토 할부 서비스로 나뉜다. 캐피탈과 일부 카드사, 일부 은행에서 취급한다.

은행 오토론은 연평균 금리가 5% 내외로, 타 금융에 비해 상대적으로 금리가 낮다는 장점이 있다. 대부분 중도 상환 수수료 없이 자유롭게 상환할 수 있고 근저당 설정비나 연대보증이 없다.

캐피탈사가 취급하는 오토론은 신용 등급에 제한 없이 대출을 받을 수 있다. 서류 제출에 있어 은행보다 부담이 적고 자동차 영업점에서 대출 계약까지 할 수 있다. 그러나 은행보다 금리가 높고 대출 가능한 한도가 낮으면 차량을 담보로 제공해야 한다.

자동차를 구입할 때는 이용할 수 있는 금융 회사 및 상품 종류, 금리 수수료 등을 종합적으로 알아본 다음 자신에게 가장 적합한 상품을 선택하도록 한다. 신차 금융 상품을 이용하면 특별 금리 우대 행사를 진행하는지 확인하고 적극 활용하도록 한다. '맞춤형 비교 공시 시스템'을 적극 활용해 여신 전문 금융사별 이자율을 비교하여 이용하는 것이 유리하다.

전시장에 전시했던 차를 구입하거나 신차 출시 모델의 구 모델이 저렴하게 나오는 시기를 기다려 구입하는 것도 차를 싸게 살 수 있는 좋은 방법이다.

새 차 살 때 이것만은 체크하자

1. 일반적으로 2~5년마다 새로운 모델이 나온다. 보통 새로운 모델이 나오면 기존 모델의 자동차 가격이 내려간다. 같은 값이라면 신차 발표 시기를 따져 보고 제값 받을 차를 사거나, 혹은 구형이 된 기존 모델을 좀 더 저렴하게 구입하자.

2. 새로운 차종은 시장에서 품질이 검증되기까지 시일이 걸린다. 따라서 몇 개월이 지난 후 구매하는 것이 좋다.

3. 자동차 업종은 노사분규가 잦은 편이다. 자동차를 살 예정이라면 이러한 뉴스를 관심 있게 보고, 시기를 체크해 두자. 노사분쟁 등으로 파업을 하거나 장기 휴가에 들어가는 경우 자동차 생산 라인이 재부팅되어 정상적으로 운행되기까지 시간이 걸린다.

4. 무상 수리 보증 기간을 비교하자. 중고가 아닌 새 차를 구입할 때 얻는 실질적인 혜택은 바로 AS다. 품질 보증 기간이 길수록 돈 버는 길임을 기억하라.

5. 시장에서 가장 인기가 많은 차종을 선택해야 AS를 받을 때 부품을 구하기 쉽고, 구비된 경우가 많아 비용과 시간 면에서 여러모로 편리하다. 중고차를 처분할 때도 소비자들이 많이 찾는 만큼 잘 팔리고 금액 조정도 유리하다.

chapter 07

교육 앞에
작아지는 엄마

"Top 10 생방송 진출자는요! …60
초 후에 공개합니다!"

"아흐! 정말. 궁금해 죽겠네."

TV 앞에 앉은 딸 주미는 거의 화면 속으로 빨려 들어갈 기세였다.
어렸을 때부터 끼가 넘쳤던 주미는 작년부터 오디션 프로그램에 열
광했다. 가수나 댄서의 꿈을 가진 이들이 대거 등장한 오디션 프로
그램은 영희가 봐도 긴장의 연속이었다. 꽤 어린 나이의 참가자들이
심사위원 앞에서 자신의 끼를 발휘하는 모습은 감탄을 불러일으키
면서도 왠지 짠한 감동을 주기도 했다.

주미는 오디션 프로그램이 시작된다는 소식을 접하자마자 본방을
사수하더니 그들이 부른 노래를 잘도 따라 불렀다. 게다가 심사위원

이 되어 평가까지 했다.

본인에겐 길고 길었을 60초가 흐르고 생방송 진출자 열 명이 가려졌을 때 주미는 자신이 응원하던 참가자가 둘이나 탈락했다며 분개했다. 그러곤 그들을 제치고 본선 티켓을 딴 다른 참가자들을 향해 쓴소리를 뱉었다.

"어머! 어떻게 저 사람이 올라갔지? 말도 안 돼. 내가 더 낫겠다."

"진짜? 우리 딸이 그렇게 자신 있어?"

"그러엄~ 엄만 딸의 실력을 그렇게 몰라? 내가 초딩 4학년 때부터 노래연습실 다녔잖아. 2년을 다니며 얼마나 노래를 많이 불렀는데. 우리 학교 체육대회에서 대표로 나가서 춤도 췄잖아."

"그래, 그랬지."

사실 주미는 노래하고 춤추는 것을 즐기는 아이였다. 또래 아이들이 갖는 관심 이상이었고 방송 댄스반 등에서 활동하며 꾸준히 혼자서도 연습하는 아이였다. 주미가 얼마나 노력하는지 떠오르자 영희는 딸 주미가 대견했다. 하나라도 잘하는 게 있으면 그게 경쟁력이 되는 시대 아닌가. 그런데 그때 주미가 영희에게 와락 달려들더니 말했다.

"엄마! 나도 저기 한번 나가 보고 싶어."

"응? 진짜? 저긴 아무나 나가는 게 아니라던데."

"그래서 나가고 싶어. 나, 아무나가 아니거든? 노래도 너무 재밌고

춤까지 추면서 노래하는 건 더 좋아. 전문적으로 조금만 더 배우면 잘할 자신 있어. 그래서 말인데 엄마! 나 학원 보내 주면 안 돼? 나… 저기 나가서 톱 텐 안에 드는 게 소원이야. 그러면 내가 정말 좋아하는 가수가 될 수 있을 것 같아."

"어머 주미야, 잠깐만. 엄마는 너무 당황스러워서."

지금까지 이토록 진지한 딸의 모습을 보지 못했던 영희는 대답이 궁색해졌다. 지금까지 보습학원은 그렇게 가기 싫어하던 아이가 실용음악과 댄스학원을 보내 달라니 신기하기도 하면서, 그 뒷바라지는 어떻게 하나 싶었다.

우물쭈물하고 있는데, 학원에서 돌아온 아들 세진이가 이 대화를 들었는지 한소리를 한다.

"야, 이쭈미! 방송 학원이 얼마나 비싼지 알기나 하냐? 우리 학교에 연기자 학원 다니는 애 있는데 걔는 아예 공부도 접고 그 학원만 다닌다더라. 학원비가 얼마라더라? 걔 말로는 수억 깨진다고 하더라. 엄마! 얘 지금 바람 들어서 그래요. 차라리 저한테 투자하세요."

틀린 말은 아니라지만 오빠로서 동생 기를 저렇게 죽이나 하고 괜히 미안해하고 있는데 잠자코 듣고 있던 주미가 왕방울만 한 눈물을 뚝뚝 떨어뜨렸다. 순간 모두 당황했다.

"흐흐흑. 오빠 아무것도 모르면서 그런 심한 말을 하냐? 내가 얼마나 가수가 되고 싶은데! 알지도 못하면서. 나 정말 하고 싶단 말이야. 엄마! 시켜 줘."

영희는 복잡 미묘한 심정이었다. 뭔가 하고 싶은 일이 생겼고 그

것을 위해 노력하려는 마음이 기특하면서도 생각지도 않은 교육비가 나가야 하는 것에 머릿속으로 계산기를 두드리고 있는 자신이라니.

우리나라 교육비 민간 부담률은 세계 최고 수준이다. 우리나라 사교육비 지출은 국민총생산 대비 21.47%로 OECD 평균인 8.48%의 세 배에 가깝다. 참고로 영국의 전체 교육비는 우리나라의 4분의 1 수준이라고 한다.

에듀푸어라는 말이 등장했다. 빚을 내어 자녀를 가르치는 가난한 사람들을 말한다. 실제로 국내에서 빚에 허덕이면서도 교육비를 과다하게 지출하는 에듀푸어, 즉 교육 빈곤층이 300만 명에 달하는 것으로 나타났다고 한다.

가계 지출에서 교육비 부담은 얼마나 될까? 사교육비 지출 정도를 따져 보았을 때 2012년 기준 전체 소비 지출의 11.7%를 차지했다고 한다. 주인공의 가정은 이보다 더 웃도는 상황이다. 현재 교육비가 전체 고정 생활비의 25%를 차지하고 있다. 교육비를 18% 이하로 줄여야 경제적 균형을 맞출 수 있다.

중 · 고등학생 한 달 평균 사교육비가 일 인당 200만 원이라는 자료도 있다. 두 자녀라면 400만 원, 교육비가 가정의 소득과 거의 맞먹을 정도다. 그러니 아이들 학원비를 벌기 위해 엄마들이 생활 전선으로 나가고 있다. 다만 얼마라도 벌기 위해 유흥업소 도우미를 한다는 씁쓸한 사연까지 나온다.

30~40대 가정을 재무 상담하다 보면 생활비 안에 교육비가 차지하는 비중이 상당히 크다. 어떤 가정은 수입의 반 이상이 교육비로 나가기도 한다. 가정의 상황, 교육 수준, 자녀의 열의에 따라 교육비에 차이가 있겠지만 적당한 교육비 비율은 생활비의 15~18% 선이다.

이 적정선에서 마영희 가정의 교육비를 다음과 같이 조정해 볼 수 있을 것이다. 물론 교육비 계획은 아이들과 충분히 상의해서 조정하는 것이 바람직하다.

교육비의 과도한 지출은 노년 이후의 삶까지 어렵게 한다는 문제가 있다.

■ 이정도 · 마영희 가정의 교육비 지출 항목 변화

조정 전		조정 후	
항목	금액	항목	금액
학습지(세진, 주미)	25만 원	학습지(세진, 주미)	학습지 끊음
세진 수학 학원	20만 원	세진 수학 과외	25만 원
세진 영어 학원	35만 원	세진 영어 학원	35만 원
주미 수학 학원	16만 원	주미 수학 인터넷 강의	3만 원
주미 영어 학원	21만 원	주미 영어 학원	16만 원(학원 변경)
세진 과학 과외	20만 원	주미 실용 음악 학원	15만 원
주미 미술 학원	8만 원		
합계	145만 원	합계	94만 원

평범한 샐러리맨 가장을 만난 적이 있다. 그의 두 자녀가 모두 유학을 가고 싶어 했다. 평소 아이들 교육이라면 두 발 벗고 나서던 부부는 일단 첫째 아이가 중학교를 졸업하자 유학을 보냈다. 한 해 적게는 1,000만 원에서 많게는 수천만 원의 돈이 들었다. 다행히 아이는 외국 생활에 적응을 잘했다. 그러나 그 가장은 현금 자산부터 금융 자산, 부동산 자산까지 하나하나 처분해야 했다.

둘째까지 유학을 보내면서는 집을 팔아 전세로 옮겼다. 그러나 밑 빠진 독에 물 붓는 격으로 교육비가 나가자 두 부부는 견디지 못했다. 결국, 몇 십 년 다니던 직장에 사표를 내고 퇴직금을 받아 교육비에 보탰다. 겨우겨우 자녀의 유학 자금을 대며 거의 10년을 보낸 그들 부부는 현재 서울 변두리 지역의 빌라에서 전세로 살고 있다.

경제 수준에 맞춰 교육비를 책정해야 한다. 공부에 대한 뒷받침을 해 주지 못한다는 죄책감에서 벗어나야 한다. 남들의 말에 귀를 열고 눈을 열기보다 자녀와 눈을 맞추고 소신 있게 결단해야 한다.

과연 이 교육이 내 아이에게 유익한가, 이 교육을 통해 아이가 고마움을 느끼고 행복해하는가, 진심으로 아이가 원하는 교육인가를 생각해야 한다. 자신이 왜 공부해야 하는지, 학원에 왜 다녀야 하는지 모르는 아이들이 많다. 그저 시간을 때우기 위해, 그저 엄마가 시켜서, 엄마 편하자고 쏟아붓는 교육비는 누수 자금일 뿐이다.

잠시 내 이야기를 해 보겠다. 나는 자녀가 셋이다. 올해 대학생이 된 딸아이는 실용음악을 하고 싶어 했다. 그러나 지나가는 바람이려니 했다. 딸아이가 고등학교에 진학했을 때 공부가 부족하다고 느꼈는지 아이는 학원을 보내달라고 했다. 실력이 모자란 과목과 적정한 학원비를 정해 공부를 시작했다. 그러나 실용음악에 대한 꿈을 버리지 못한 딸아이는 얼마 후 자기 스스로 음악을 하면서 어떤 미래를 살고 싶은지 꿈에 대한 포트폴리오를 짜서 보여 주었다. 그것을 본 후 전적으로 아이를 지지해 주었다.

"엄마, 이제까지 공부를 위해 교육비를 주셨으니 이젠 제가 하고 싶어 하는 음악 공부를 위해 그 돈을 투자해 주세요. 이제 입시가 얼마 남지 않았어요. 실기 쪽에 돈을 쓰는 게 맞는 것 같아요."

결국, 국·영·수 학원비를 실기 학원비로 대체했을 때 얼마간의 돈이 남게 되었다. 한 달에 10만 원 정도였다. 우리는 그 돈을 큰 아이의 재무 이벤트를 위한 자금으로 투자하기로 했다. 앞으로 그 아이에게 들어갈 꿈 바구니를 만든 셈이다.

한 달에 10만 원씩 절약하면 1년이면 120만 원, 이 돈을 5년간 투자해 연 7%의 수익률을 낸다고 가정하면 716만 원이 모아진다. 웬만한 비상 자금을 마련할 수 있는 돈이다.

중학생인 아들 녀석과도 정말 부족한 과목이 무엇인지에 대해 이야기를 나누고, 생활비에서 배분 되어 있는 교육비가 어느 정도인지 말해 주고, 그 범위 안에서 학원을 선택하도록 한다. 물론 아이들은 아롱이다롱이라서 배우고 싶은 게 많은 아이도 있고 그렇지 않은 아이도 있다. 하지만 그 아이들 나름대로 하고 싶은 것이 있으면 대화를 통해 부모로서 어떻게 도울지를 논의한다.

그러다 보니 학원 하나라도 선택할 때는 경제적으로 따져 보고 정말 필요한지 아이 스스로 생각하는 습관이 생겼다. 물론 늘 좋은 선택을 하는 건 아니지만, 결국 가정경제라는 것이 가족이 원하는 목표를 향해 함께 걸어간다는 데 의의가 있으므로 여기에 동참하게 하여 공동체 의식을 갖게 한다는 점에서 긍정적이다.

교육비를 조금만 조정해도 가족을 위한 비상 자금을 마련할 수 있다. 사교육비를 아껴 그 금액으로 재테크를 해서 장래에 자녀에게 더 좋은 것을 선물할 수도 있다. 다음은 고객 중 한 명인 지현이 엄마의 사례다.

지현이 엄마는 어렵게 얻은 아이에게 뭐든 해 주고 싶은 마음이 강했다. 형편이 넉넉하지 않았지만 다섯 살 때부터 영어 학원에 보냈다. 그러나 지현이는 영어 학원에 가는 것을 싫어했다. 영어로만 공부하는 학원이 부담스러웠던 것이다.

결국, 엄마는 아이가 좋아하는 책 읽기에만 투자하기로 했다. 그리고 영어 학원에 들어가는 사교육비로 재테크를 결정했다. 한 달 60만 원 정도 나가는 비용을 책 읽어 주는 학습비로 5만 원만 투자하기로 했다. 그 뒤 아이가 초등학교 입학한 후에도 한 달에 30만 원이 넘지 않는 범위 안에서 교육비를 책정했다. 그리고 그 나머지 30만 원을 장기 투자 상품에 투자해 운용하기로 했다. 연 7% 수익률을 가정하면 20년 후 지현이가 스물다섯 살이 되었을 때, 1억 2,200여만 원을 만들 수 있다.

비싼 학원이나 과외가 아니라도 얼마든지 양질의 교육을 받을 수 있는 방법들이 있다. 비싼 학원비를 대신할 방법들은 찾아보면 얼마든지 있다.

유아기에는 지역 사회에서 운영하는 문화시설을 이용하거나 각종 문화센터 프로그램을 이용하는 것도 현명한 방법이다. 초·중·고생이라면 인터넷 강의 등을 이용한다. 인근 학원들의 교육비를 비교 선택하는 등의 방법으로 가계의 부담을 줄일 수 있다. 학부모들끼리의 교육 품앗이도 좋다. 친한 학부모들끼리 연대해 부모들의 전공을 살려 직접 아이들을 가르치는 것이다. 특히 음악이나 미술의 사교육비를 이렇게 품앗이 형식으로 해결하는 이들도 많다.

얼마 전 고객 한 분에게 연락을 받았다. 1,000만 원의 여윳돈이 생겼는데 어떻게 하면 좋겠느냐는 것이었다.

"정말 기쁜 소식이네요. 어차피 당장 필요한 돈은 아니니까 중장기적인 상품으로 운용해 보시죠."

"그런데요, 제가 좀 걸리는 부분이 있어요."

바로 고3 아들이었다. 그 고객은 대학 입시를 위해 그 돈을 아들 교육비로 써야 하는 것이 아닌지에 대해 고민하고 있었다.

"그래도 고3인데 집중 투자를 해 줘야 하지 않을까요?"

"집중 투자라면 족집게 과외 같은 거 말씀이세요?"

"그렇죠. 일단 과외비로 좀 쓸까 고민이 돼요."

그녀의 심정을 잘 알고 있었지만 할 말은 해야 했다. 대학 입시가 얼마 남지 않은 시기에 고액의 과외비를 들였을 때 과연 그만큼의 효과가 있을까? 고객의 아들은 그것에 대해 어떻게 생각할까?

나의 이런 마음을 고객에게 전하며 아들과 충분히 이야기해 보라고 했다. 며칠 뒤 그 고객에게 전화가 걸려왔다. 목소리가 밝았다.

"팀장님, 그냥 금융 상품에 투자하겠어요. 아들이랑 얘기했는데 반대하더라고요. 아들 녀석은 뭔가 새롭게 집어넣는 시기는 다 지났고 조용히 자기가 정리하는 기간이라고 하대요. 또 혼자 하는 것이 자기는 더 효과적이라고 하더라고요. 지금껏 해 오던 방법대로 마지막까지 노력해 보겠다고 해요. 참 고맙더라고요."

교육은 참 어렵다. 특히 금쪽같은 자녀들에 대한 교육에 정답이 없다. 그래서 에듀푸어에 대해 대놓고 비난할 수도 없다. 그러나 가정 경제를 위협하는 에듀푸어가 되어 후에 온 가족이 힘들어하는 것보다, 가난해진 노후에 자식에게 자신들을 책임져 달라고 하기보다는 지금의 자리에서 최선의 것을 선택해야 할 것이다.

진심으로 이 교육이 내 아이를 성장시켜 주는 것인가?

내 아이도 이 교육을 원하고 있는가?

과한 교육비 부담을 감당해도 될 만큼 가정경제가 탄탄한가?

chapter 08

보험, 최선의 선택으로
최상의 효과 누리기

"어이, 이정도! 오랜만이다. 나야 나, 허세광."

"허세광? 아 고등학교 동창 세광이? 와~ 오랜만이다. 어떻게 지 냈어?"

"나야 뭐 잘 지냈지. 근데 너 아직도 그 회사 다니냐?"

"그럼. 가장이 뭐 권한이 있냐? 그런데 넌 무슨 일 하고 있어? 한 5년 전엔가 봤을 땐 자동차 세일즈 한다고 했잖아."

"어, 나 직업 바꿨다. 야! 말 나온 김에 오늘 점심때 얼굴이나 보 자. 친구끼리 회포도 풀 겸."

고등학교 시절 꽤 친하게 지내던 친구에게서 걸려 온 전화였기에 남편 이정도도 흔쾌히 응했다. 점심시간 한 음식점에서 만난 둘은 반

갑게 근황을 나누었다.

"야, 정도야! 이 친구가 보험 영업을 시작했잖냐. 벌써 6개월이나 됐어."

"그래? 넌 참 직업도 잘 바꾼다. 그래도 넌 워낙 사교성이 좋아서 잘할 거야. 실적은 좋냐?"

"하하, 야! 영업은 사교성으로 하는 게 아냐. 인맥이 최고지. 내가 오늘 너 만난 것도 다 인맥 관리 차원에서 만나 거야. 너도 언젠가 고객이 될 수 있으니까. 야, 그나저나 먹고 살기 힘들다! 옛날이 참 좋았는데, 그치?"

그 이야기를 듣는 내내 정도는 마음이 불편했다. 친구가 보험 한다고 5년 만에 연락을 해 온 건 목적이 있을 텐데 그는 섣불리 나서지 못했다. 사실 그동안 아내와 가성경제를 바로잡느라 시행착오를 겪고 있는 마당에 혹 지를 수는 없는 일이었다. 예전 같았으면 친구를 위해 제일 실적 좋은 상품을 들었겠지만, 이제는 사정이 달라졌다.

내심 모른 척 다른 이야기만 뱅뱅 돌려 가며 불편한 식사 자리를 마무리했다. 서둘러 점심값을 내고 친구네 아이들을 위해 제과점에서 빵 하나를 사서 들려주었다. 그러곤 서둘러 한마디를 덧붙였다.

"세광아. 잘될 거야. 내가 도움은 못 되지만 응원할게. 그리고 또 아냐? 보험 들겠다는 사람 있으면 나도 꼭 소개할게. 잘 가라."

친구는 더 이상 이야기를 하지 않았다. 친구의 뒷모습을 보며 괜히 미안한 마음이 들었지만, 그 마음을 꾹 눌렀다. 이미 가족이 정해 놓은 재무 목표가 있고 함께 노력해야 한다는 것을 알았기 때문이다.

사무실로 돌아와 전화로 이 내용을 아내에게 알리며 애교를 떨었다.

"여봉! 나 잘했쪄?"

그런데 아내와 전화한 지 한 시간도 채 지나지 않았을 때 나쁜 소식이 전해졌다. 자재 팀에서 일하고 있는 서 부장의 아내가 뇌출혈로 갑자기 쓰러져 입원했다는 소식이었다. 이제 나이가 마흔이라는 서 부장의 아내는 평소 고혈압 증세가 있었고 관리를 잘한다고 했는데 운동 중에 갑자기 쓰러져 병원으로 옮겨졌다는 것이다. 위급한 상태라서 상황을 두고 봐야 한다는 소식에 모두가 착잡해졌다. 그 젊은 나이에, 아이들도 한창 어린데 엄마가 쓰러졌으니 큰일이었다. 다들 그 소식을 듣고 일이 손에 안 잡혀 앉아 있는데 같은 부서에 있던 강 차장이 더 안타까운 이야기를 전했다.

"아휴. 서 부장님, 보험도 없으신데…. 그 부장님 평소에 보험 같은 것 소용도 없고 낭비라면서 자동차보험만 드셨거든요. 제가 그래도 보험은 들어야 한다고 말씀드렸는데도 그렇게 말도 안 들으시더니…. 사모님 건 더욱 없을 거 아녜요. 참 큰일이네요."

남편 정도는 안타까운 서 부장 아내의 이야기에 속상해하면서도 한편으로는 아까 그냥 보낸 친구 세광이가 아쉬워졌다. 이럴 줄 알았으면 중대 질병에 대한 보험 얘기라도 들어 둘 걸 그랬다는 후회가 밀려왔다.

❖ ❖ ❖

보험, 살다 보면 언제 어떤 일을 겪을지 모르기에 꼭 필요하다. 그런데 많은 이들이 이렇게 중요하고 장기적인 프로젝트인 보험을 가입할 때 실수를 저지른다. 왜 그럴까? 일단 보험 상품만 해도 수백 가지가 넘는다. 우리나라는 보험 공화국이라고 할 만큼 외우기도 어려운 이름의 보험이 굉장히 많다.

2013년 보험연구원이 발표한 우리나라 가구당 보험 가입률은 91.4%에 달한다. GDP 대비 보험료 역시 4.6%로 세계 3위 수준이다. 그러나 보험을 제대로 이해하는 이들은 많지 않다. 보험료와 보험금조차 구분하지 못하는 이들이 부지기수다. 보험료는 보험 계약자가 보험에 가입한 후 보험 회사에 납부하는 돈이고, 보험금은 보험사고가 발생할 경우 보험 회사가 보험 수익자에게 지급할 것을 약정한 금액이다. 즉, 보험료는 내가 보험 회사에 내는 돈이고, 보험금은 보험 회사가 나에게 주는 돈이다.

고객들과 재무 상담을 하다 보면 5~10개 이상의 보험을 중복 가입하고 있다. 게다가 주로 지인들이나 텔레마케팅으로 가입하고, 은행 직원의 권유나, 인터넷을 검색해서 보험 비교 사이트로 보험이 부족한 것 같다는 생각에 충동적으로 가입하기도 한다. 이럴 경우 보험 내용을 정확히 묻지도 따지지도 않고 가입하는 경우가 많다. 스스로 보험 상품에 대해 공부해서 알아보고 비교해 가면서 가입한 고객은 드물다. 그러다 보니 본인 가족의 명의로 된 보험이 가족 수만큼, 아니, 그 이상이기도 하다. 본인이 어떤 보험에 가입했는지 모르는 경우도 허다하다.

보험은 분명히 필요하다. 다만 사람마다 처한 상황이나 형편이 다르기에 그에 따라 보험 상품을 골라야 한다. 뚜렷한 재무 목표를 세우지 않고 무작정 남들이 좋다고 권하는 보험에 가입하다 보면 현금 흐름에 문제가 생긴다.

마영희·이정도 부부는 남편은 변액종신보험, 다이렉트 종합보험, 아내는 종신보험, 자녀들은 실손의료보험을 들었다. 한 달 보험료 53만 원 중에 변액종신보험의 보험료가 절반 이상을 차지한다. 지출의 적지 않은 부분을 차지하는 종신보험에 대해 유심히 살펴볼 필요가 있다.

종신보험은 생계를 책임지는 가장이 조기 사망할 경우를 위한 보험이다. 만약 가장이 사망하면 남은 가족은 생계 유지가 어렵다. 이를 위해 준비하는 것이 종신보험이다. 종신보험은 보험료가 비싼 게 단점이다.

35세 남성이 사망 보험금 1억 원을 보장받는 데 드는 보험료는 약 15만 원에서 20만 원 정도다. 부담스러운 금액이다. 이 때문에 종신보험보다 낮은 보험료로 정해진 기간 동안 사망보장을 해 주는 정기보험이 인기다. 35세 남성이 65세까지 30년 동안 1억 원을 보장받는 데 필요한 보험료는 월 3만 원 정도다. 종신보험의 20%도 되지 않는다.

종신·정기보험은 생명보험사에서만 판매한다. 이런 정기보험과 비슷한 효과를 얻으려면 손해보험사에서 '사망 특약'을 활용해 가입할 수 있다. 보험료도 종신보험료에 비해 20~40% 저렴하다.

마영희 가정은 가족 모두 건강하고 행복하게 사는 삶이 목표다. 세 자녀를 뒷받침해 주고 독립할 수 있는 최소한의 자금을 마련해 주며, 부부가 은퇴 후에도 생활할 수 있을 정도의 연금을 받으면서 사회봉사를 하며 사는 것이다. 이 가정은 가족 구성원 모두가 함께 사는 동안의 삶에 치중하기에 보험료를 조정해 낮추어야 한다.

먼저 남편의 변액종신보험과 아내의 종신보험을 정리한다. 남편의 종신보험은 정기보험으로 대체한다. 정기보험은 막내 자녀의 대학 졸업 시기, 혹은 사회생활을 시작해 자립하는 시기까지 보장 기간을 설정한다.

마영희 · 이정도 부부가 새무조정을 통해 바꾼 보장성 보험에 관한 표다.

■ 이정도 · 마영희 부부의 보험 조정

소유자	금융 기관	상품명	납입 기간	가입일	보장 기간	월불입	보장 내용
이정도	○○생명	정기보험	65세	새로 가입	65세 만기	5만 5,000원	사망 1억 원
이정도	○○화재	실손의료 보험	30년	새로 가입	100세/ 3년갱신	7만 2,000원	사망, 장해, 실비, 암, 성인병, 운전자 포함 (기존 건강보험이 있어서 암, 성인병은 조금씩 추가함)
이정도	○○생명	다이렉트 종합보험	20년	3월/ 2005년	80세 만기	3만 6,000원	기존 보험 유지
마영희	○○화재	실손의료 보험	25년	8월/ 2012년	100세/ 3년갱신	7만 2,000원	사망, 장해, 실비, 암, 성인병, 운전자 포함

세진	○○화재	실손의료보험	25년	8월/2012년	100세/3년갱신	3만 9,000원	기존 보험 유지
주미	○○화재	실손의료보험	20년	3월/2011년	100세/3년갱신	3만 3,000원	기존 보험 유지
늦둥이	○○해상	실손의료보험	30년	새로 가입	100세/1년 갱신	4만 3,000원	실비+암+성인병(기본)+장해
합계						35만 원	

두 부부는 암, 성인병 진단금과 운전자 특약을 포함한 실손 의료보험에 가입해서 현재 월 소득에 비해 높아 53만 원에 육박하는 보험료를 35만 원으로 낮출 필요가 있다.

실손의료보험은 의료비를 실제 부담한 금액을 모두 보장해 주는 보장성 보험이다. 줄여서 실손보험이라고 한다. 실비 특약만 제외하고는 모든 특약을 비갱신형으로 가입할 수 있고 100세 만기로 암, 성인 질환에 대한 진단비, 운전자 특약까지 넣을 수 있다.

갱신형으로 가입 시에는 연령별로 증가하는 위험률, 보험사의 손해율, 물가상승, 의료 수가의 증감으로 인해서 최소 18%에서 최대 33~35%까지 인상되기 때문에 나이가 들어감에 따라 보장 보험료는 인상된다. 따라서 갱신형인지, 비갱신형인지 잘 확인해 볼 필요가 있다.

이렇듯 소득에 비해 지출이 컸던 주인공 가정의 보장성 보험료는 일단 두 부부의 종신보험을 정기보험과 실손의료보험으로 대체하고, 아이들 보험도 생명보험 상품보다는 손해보험사에서 판매하는 실손 보장 상품으로 바꾸어 비용을 줄이는 게 효과적이다.

보험에 대해 많은 이들이 궁금해하고 걱정하기도 한다. 자신이 가입한 보험이 우리 집 재무 목표에 보호막 역할을 잘해 줄 지 지금 당장 가입한 보험증권들을 펼쳐 놓고서 살펴보자. 만약 매월 납입하는 보험료가 지나치게 높거나 중복된 보장이 많다면 과감히 해약하는 편이 낫다. 해약 환급금이 얼마 안 되고, 그동안 불입했던 보험료가 아깝다고 주저해서는 안 된다. 차라리 얼마 정도 손해를 보더라도 자신에게 맞는 상품으로 갈아타는 것이 훨씬 재무적으로 안정을 주기 때문이다.

그러나 보험을 가입하고 나서 질병이 생겼거나 보상 받은 적이 있다면 보험을 무작정 갈아타는 것은 옳지 않다. 지금 가지고 있는 보험이 최상일 수 있으니 꼼꼼히 살펴본 후 결정하도록 한다. 다음은 해약하면 손해 보는 보험들이다.

해약하면 손해 보는 보험들

• 100% 보장 되는 실손의료보험
현재 가입하는 실손의료보험은 실손에 대해 80~90%를 보장한다. 그러나 2009년 7월 이전의 실손의료보험은 100%가 보장되는 상품이 있었다.

• 확정 금리형 저축보험
1990년대 후반에서 2000년 초반에 판매한 저축보험은 확정 금리형 상품이 많았다. 6~7% 금리로 괜찮은 수익률이다.

• 한시 특가 보험

보험사를 홍보하기 위해 만든 우수한 상품이지만 한시적으로 나와서 가입자가 많지는 않다. 한시 특가 보험이라면 가치가 높은 보험일 확률이 높다.

• 70~80세 만기 암보험

암 진단비, 암 수술, 암 입원비 특약은 시간이 지날수록 보험료가 비싸지고 보장은 줄어든다.

• 일반 상해 의료비가 포함된 운전자보험

상해 의료비는 통원 여부를 따지지 않고 자기 부담금 없이 보장해 준다. 자동차보험과 산재보험에서 보장하는 의료비의 50%를 중복 보상해 준다.

다음은 기본적으로 알아두어야 하는 각종 보험 상품에 대한 간단한 설명이다.

○○ 보험, 너는 누구냐

• 손해보험과 생명보험

손해보험과 생명보험은 보장 규모에 따라 구분된다. 통상적으로 손해보험은 손해 본 만큼, 생명보험은 정해진 만큼 보장해 준다. 생명보험은 계약 당시 약정한 사망보험금, 암, 성인병, 재해 등을 정액으로 보장해 준다. 생명보험은 고액을 보장해 주기 때문에 치료비가 많이 드는 질병에 훨씬 유리하다. 그 대신 보장하는 질병의 범위가 제한적이다.

손해보험은 병원에서 치료받은 치료비를 전액 보장해 준다. 다만 여러 회사에 가입했을 때 중복 보장이 되지 않는다. 손해보험의 장점은 다양한 특약이다. 자동차 운전과 관련한 특약, 일상생활 중 타인의 신체 혹은 재물에 피해를 입혔을 때의 배상 책임 등도 특약으로 추가할 수 있다.

• 정액보험과 실손보험

정액보험은 보험 사고가 났을 때 계약 당시에 약속했던 금액을 그대로 지급하는 보험이다. 만약 '특성 실병 진단 시 2,000만 원, 수술비 1,000만 원' 등의 조건이 있는 보험이라면, 그 질병이 발생해 수술했다면 3,000만 원이 지급된다.

반면 실손보험은 피보험자(=보험 수익자)가 실제로 입은 손해액을 보상하는 보상이다. 어떤 여성이 갑상샘암이 의심된다는 진단을 받았을 때, 검사를 하고 수술까지 하게 되면 그 과정에 든 비용이 보험금으로 지급된다.

정액보험의 금액을 넉넉히 설정한다면 치료 외에도 보장받을 수 있지만 적을 땐 치료비보다 더 적을 수도 있다. 실손보험은 치료비 외에는 다른 보장을 받을 수 없다. 하지만 치료비만큼은 보장받는다는 장점이 있다.

• 변액보험과 변액유니버셜보험

변액보험은 말 그대로 지급받는 액수가 변하는 보험 상품을 의미한다. 특히 유니버셜 보험이란 용어가 자주 쓰이는데 유니버셜은 입출금이 가능하다는 것을 뜻한다. 즉 변액유니버셜 보험이라고 하면 보장받는 금액이 수익률에 따라 바뀌면서 적립금 중 일부를 필요에 따라 찾아 쓸 수 있는 상품이다.

변액연금보험은 최저 지급 보증을 해 준다. 만약 시장의 경기가 악화되어 수익률이 저하되거나 마이너스가 될 경우 연금을 개시하는 시점에 최소한의 보장을 해 준다는 것이다. 그러므로 변액보험의 경우 수익률의 변동 추이를 잘 살펴보아야 하고 최소 보장이 얼마나 되는지, 과연 위험을 감안하고도 투자할 만한 가치가 있는지 주의해서 살펴야 한다.

변액연금보험과 변액유니버셜보험의 차이는 무엇일까? 두 가지 모두 기본적으로 고객이 납입하는 보험료에서 사업비 위험 보험료를 차감하고 펀드에 투자하여 수익률을 높이는 상품이란 점에서 같다. 하지만 주식에 몇 %까지 투자할 수 있느냐에 따라 차이가 있다.

변액유니버셜보험은 90% 이상 주식에 투자하는 펀드를 선택할 수 있고, 변액연금보험은 채권형 펀드를 50% 이상 선택해야 한다. 변액유니버셜보험은 수익률이 높지만, 공격적인 만큼 위험성도 높다. 이에 반해 변액연금보험은 연금 개시 시점에 원금 보장을 위해 비교적 안정적 장치를 마련하고 있다.

그러므로 본인이 가입한 변액보험에 대한 관리를 전문가와 꾸준히 상담해 가며 수익률 관리에 신경 써야 한다.

• 자동차보험과 운전자보험

운전하는 사람은 모두 가입하는 자동차보험은 대인과 대물, 자기 차량 손해, 자기 신체 사고 등을 보장해 주는 보험이다. 자동차를 운행하는 사람은 누구나 가입해야 한다. 남에게 인적 물적 피해를 입힌 것을 보상하는 책임보험과 첫 번째 책임보험에서 배상할 범위를 넘어서는 손해를 담보하는 보험까지 포함되어 있다. 또한, 피보험자의 자동차가 파손되었을 때나 다쳤을 때를 담보해 주는 보험 등으로 구성된다.

보통 자동차보험은 이것들을 포함하고 있는데 대인 대물에 관한 보험은 강제 책임보험이다.

운전자보험은 형사 책임이 발생했을 때 교통사고 처리 지원금, 벌금, 변호사 선임 비용 등을 보장받을 수 있다. 운전자에게 자동차보험은 필수지만 운전자보험은 선택이라 할 수 있다.

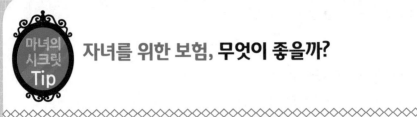

자녀를 위한 보험, 무엇이 좋을까?

아이들은 성인에 비해 운동 신경이나 주의력이 낮아 상해 사고가 많이 발생한다. 실제로 성인 대비 어린이 사고 발생률은 약 8배 이상이라고 한다. 게다가 면역력이 약해 질병에 걸릴 확률이 높다. 비교적 가벼운 감기라도 아이들은 크게 아플 수 있다. 특히 환경적 요인과 노산의 영향으로 선천적인 질병과 희소병 발생이 많아지면서 질병, 사고 위험으로부터 미리 대비할 필요가 있다.

최근 산모의 고령 출산으로 태아에게 끼치는 영향이 높아지고 의료비 지출이 늘고 있다. 이러다 보니 출생 전부터 의료비를 보장받을 수 있는 태아 어린이 보험을 준비하는 부모가 많다.

태아 보험은 대체로 임신 후 22주 안에 가입하는 것이 좋다. 선천성 질병은 다른 질병과 분류되어 태아 특약을 따로 준비하지 않을 경우 보장을 받을 수 없다. 태아 특약으로는 선천성 이상, 주산기 질환(출산 전후기 질환), 신체 마비, 인큐베이터 보장이 있으며 태아 보험 가입 시기를 유의해 준비한다.

최근 어린이 보험도 100세까지 보장받을 수 있다. 30세 전후까지는 성장기 및 청년기에 관련한 보장에 집중한다. 이때 주로 발생할 수 있는 골절, 화상, 교통사고 등 재해에 대한 치료비, 재활 치료비 등을 준비한다. 그 이후에는 암 진단, 입원, 수술, 뇌졸중(뇌혈관), 급성 심근경색(허혈성 심장 질환) 진단, 실손의료 등의 보장을 100세까지 잡는다.

어린이는 사고와 질병에 취약하므로 입원금과 수술금 비중이 큰 상품을 선택하도록 한다. 백혈병이나 소아암의 경우, 병원비와 기타 비용으로 평균 5,000만 원 이상이 소요된다. 그뿐 아니라 보장에서 질병이나 상해 모두 폭넓게 혜택받는 상품이어야 한다. 최근에는 치아에 대한 보장 항목도 생겨나고 있다.

꼭 알아야 할 보험 상식

1. 갱신형보다는 비갱신형으로 만기가 긴 80~100세까지 보장하는 상품이 유리하다.

2. 만기 환급형은 보험 만기 시 납입한 보험료를 돌려받을 수 있고, 순수 보장형은 만기 시 납입한 보험료는 소멸 되지만 만기 환급형에 비해 저렴하다.

3. 보험을 중도 해지하기보다 보장되는 항목을 유지하며 보험료를 줄이는 게 좋다.

4. 상황이 어려워지면 보험을 해지하기보다 납입 기간을 최대한 길게 잡아 매월 납입료를 축소한다.

5. 저축성 보험은 장기간 가입하는 게 유리하다.

6. 보장성 보험은 나이가 젊을수록 보험료가 상대적으로 저렴하다.

7. 보험료를 낼 돈이 없을 때는 감액완납제도(보험료를 더 납부하지 않는 대신 사고가 발생할 때 지급 보험료를 감액받는 제도), 연장 정기보험제도(더 이상 보험료를 납부하지 않는 대신 보장 기간을 줄이는 제도)를 이용한다.

8. 보험 가입자는 자신의 건강 상황, 직업 등 계약에 미치는 내용을 반드시 알린다.

9. 보험에 가입했을 때는 반드시 자필 서명을 한다(의무를 지키지 않을 경우 보험금을 받지 못할 수 있다).

10. 청약 철회는 청약 후 30일 이내 조건 없이 할 수 있다.

11. 다음의 조건에 해당하면 3개월 이내에 계약을 취소할 수 있다.

    (약관 청약서를 받지 못했을 때, 주요 내용 설명이 부적절했을 때, 자필 서명이 없을 때)

chapter 09

경제 마인드 리셋

 "아기는 건강한가요?"

"네. 아주 잘 자라고 있습니다. 심장 소리 좀 들어 보세요. 요 녀석, 심장 소리도 아주 힘찹니다."

산부인과에 들른 영희와 정도 씨 부부. 처음 병원에 들어설 땐 다들 파릇파릇 젊은 부부들 뿐이라 왠지 주눅이 들었다. 하지만 막상 아이의 심장 소리를 듣고 나니 어깨가 쫙 펴졌다. 가슴이 그득해지는 기분이랄까.

"이제 얼마 남지 않았으니 특히 잘 드시고 가벼운 운동도 하면서 관리하세요. 어디 보자…. 지금 두 분이 40대 중반으로 가고 있으니 어이쿠, 이 복덩어리 키우시려면 돈 많이 버셔야겠네. 에이, 그래도 두 분이 저출산 시대에 공헌을 많이 하고 계시니 대단하십니다. 듣자

하니 이제부터 출생한 셋째 아이는 연간 450만 원 한도 내에서 대학 등록금이 면제라니까 그래도 위안이 되시죠? 하하."

사람 좋아 보이는 의사의 덕담에 그들 부부는 뜨끔했다. 잠시 잊고 있던 사실을 의사가 다시 상기시켜 준 셈이다. 영희 마음이 좀 무거워졌다.

집으로 돌아온 영희와 정도 부부는 다시 재무상태표를 들여다보았다. 보험과 최근 2~3년 전 급하게 가입한 금융 상품 등을 정리하면서 부채를 일부 정리하고 가계 지출 등을 조정하고 있지만, 내심 아쉬운 건 사실이었다.

"아휴, 그때 내가 그 전화만 안 받았더라면 저축보험은 안 들었을 텐데…."

"뭘 그거 가지고 자책을 하나? 얼마 붓지 않고 잘못 선택한 거 알았으면 됐지. 그래도 조정한 덕분에 우리 힘찬이 보험도 들어 놓고 출산 비용도 좀 마련했잖아."

영희는 그래도 답답했다. 요즘 들어 재무적인 고민이 생기면 무조건 누르는 전화번호, 바로 친구 도지나에게 전화를 건 영희, 대뜸 이렇게 물었다.

"지나야. 근데 우리 아이 나올 때까지 몇 달이 남았잖아."

"그래. 그런데?"

"우리가 출산 예비비를 마련해 놨잖니. 그 몇 달 만이라도 돈 굴릴 데 없을까?"

"하하! 수익이 얼마나 났으면 좋겠니?"

"생각 같아선… 한 이,삼십 퍼센트? 아냐. 십 퍼센트만 올려도 그게 어디야. 지나야. 아니 우리집 금융 주치의 선생님~ 어디 그런 대박 상품 없을까요?"

"마영희! 정신 차려!! 그 돈은 꼭 쥐고 있어라. 알았지?"

지나와 전화를 끊고서도 영희는 아쉬움에 입맛을 다셨다.

누구나 고수익을 바란다. 그래서 주식이 대박 났다는 등 장밋빛 반전을 꿈꾸며 사는지도 모른다. 그러나 도깨비방망이 같은 상품은 없다. 본인 스스로 목표를 잘 짜고 목적에 맞는 금융 상품에 투자하는 게 중요하다.

먼저 주인공이 금융 상품 투자에서 실패한 원인을 살펴보자.

그들이 가입한 상품은 10년 이상 불입해야 되는 장기 저축성 보험이 대부분이다.

"고객님, 요즘 은행 금리가 형편없는 거 아시죠? 그래서 말인데요, 저축도 되고 보험도 되는 상품 하나 소개해 드리려고요. 요즘 비과세 상품이 거의 없어지고 있는데요, 거의 마지막 비과세 상품인데다 복리 효과까지 누릴 수 있는 최고의 상품입니다."

이런 말로 금융 상품 가입을 권유한다. 실제 주인공 마영희도 고객의 한숨을 이해하고 보완해 준 상품이란 말에 혹한 나머지 저축성 보험에 가입했다.

현재 저축보험은 보험사가 정한 공시 이율 4%대를 적용한다. 공시 이율은 매월 변경된다. 보험상품의 공시 이율은 보통 은행 적금 금리보다 1%가량 높다. 공시 이율은 시중 금리 변동에 연동되지만, 금리 인하 시 10년 이후에는 최저 2%대 금리를 보장한다. 그리고 10년 이상 유지해야 비과세 혜택이 있다.

보험사에 따라 다르지만, 보험사는 고객이 낸 보험료에 7~10% 이상의 사업비를 일정 부분 떼어 가고 있다. 그래서 막상 만기가 되면 가입자가 받을 수 있는 금액은 애초 예상한 액수와 크게 차이가 날 수 있다.

한때 교육보험 상품이 인기를 끈 적이 있었다. 하지만 보험금이 교육비 상승률을 따라잡지 못해 자녀가 대학에 입학할 때쯤에는 수익률이 전혀 기대에 미치지 못했다. 이 때문에 교육보험의 인기기 식을 수밖에 없었다. 저축성 보험의 3년 이내의 해약률이 42.8%에 이르는 것도 이 때문이다.

10~20년 이후의 쓸 장기 목적 자금이라면 인플레이션으로 인해 돈의 가치가 하락하는 것과 물가상승률을 함께 고려해야 한다. 현재까지 물가상승률은 20여 년 동안 해마다 3.5~4.5% 정도 상승해 왔다. 즉, 내 주머니에 들어오는 돈은 2~2.5%의 이율로 들어오는데 내 주머니에서 나가는 돈은 3~4%의 이율로 나간다. 명목상의 원금은 당연히 납입한 횟수가 늘어나는 만큼 늘어나지만, 실질적으로는 마이너스라는 것이다.

이렇듯 금리가 계속 낮아지다가는 최저 금리가 2%대가 될 수도 있다. 수익이 미미한데다가 만기가 되었을 때 사업비 10%까지 빠지게 되면 수익이 거의 없을 수도 있다. 이처럼 재무 목표와 맞지 않을 경우 해약하고 다시 시작하는 것이 낫다.

금융 상품을 선택할 때는 재무 목표에 의한 필요 시기와 금액, 예상하는 목표 수익률을 반영하는 원칙에 따라야 한다.

금융 상품을 선택하는 데 있어서 엄마들에게 필요한 것은 경제 마인드 리셋(reset)이다. 여성들은 꼼꼼하고 섬세한 성향 때문에 위험성보다 안전성을 추구하는 편이다.

그런데 무조건 안전한 것만 추구할 것이 아니다. 안전하다고 은행에만 저축을 하다 보면 요즘 같은 저금리 시대에는 거의 원금만 유지하게 된다. 조금만 눈을 돌리면 조금 더 나은 수익률의 상품들도 있다. 안전성을 추구하되 어느 정도의 투자적인 마인드도 필요하다.

어떤 고객이 꽤 많은 현금 자산을 안전하게 운용하면서도 수익률도 괜찮은 금융 상품이 있는지 물어 왔다. 5년 뒤, 아니 10년 뒤에 써도 무방한 여유 자금이기에 약간의 리스크가 있어도 여러 곳에 자산을 배분해 투자할 것을 권했다. 그러나 그는 거절했다.

"약간이라도 위험은 있다는 거네요. 그러다 손실이라도 나면 어떡해요. 저는 그냥 은행에 예금하는 게 좋겠어요."

혹여나 과거에 투자로 한 번 실패했다고 저축만을 고집하고 두 번다시 투자 상품에 관심을 갖지 않는다면 부자가 되려는 꿈은 버려야할지 모른다. 부자가 되기 위해서는 모험심이 필요하다. 큰 욕심에따른 무리한 투자는 경계해야 하지만 투자의 3대 기본 원칙인 장기 투자 · 간접 투자 · 분산 투자만 지켜도 투자의 반은 성공이다.

자산 배분에 의한 투자의 핵심은 예금 · 주식 · 채권 · 외환 · 보험 · 원자재 · 부동산 등 다양한 자산군에 나누어 분산 투자해 하나의 자산에서 손실이 발생하더라도 다른 자산에서 발생하는 이익으로 상쇄시켜 위험을 최소화하는 것이다.

흔히 자산 배분은 대나무와 같다고 한다. 마디가 많으면 많을수록 바람에 꺾이지 않는 대나무처럼 자산도 나누어야 잃지 않고 지킬 수 있다.

중기 자금이 필요하거나 중기적으로 자금을 운용할 때에는 조금은 공격적인 투자를 권한다. 예를 들어 5년 뒤 자동차를 구입할 계획이거나, 몇 년 후 자녀가 대학에 진학해야 한다면 약간의 리스크는 있으나 물가상승률을 대비할 수 있는 상품을 선택하는 게 좋다.

현 금융 환경을 고려해 적립식 펀드에 분산 투자를 한다면 안정적인 수익을 기대할 가능성이 높다. 모든 투자는 위험도와 기대 수익률이 비례한다. 위험도가 크면 그만큼 수익률은 높다.

자녀 독립 자금, 은퇴 자금과 같은 장기적인 자금 마련은 안전성, 수익성과 유동성이 함께 고려되어야 한다.

장기 목돈은 복리, 비과세 효과를 충분히 볼 수 있는 상품을 선택하는 게 좋다. 공격적 펀드로 운용하여 기대 수익률을 높이고 안전성도 높여야 한다. 특히 장기 투자의 경우 언제 어떤 일이 벌어질지 모르는 상황을 대비해 유연성, 즉 중도에 인출할 수 있는지, 추가로 납입이 가능한지 여부를 확인해야 한다. 단 · 중 · 장기 목돈 마련을 위한 핵심만 정리하면 다음과 같다.

- 단기 투자(3년 미만)
  - 수익성 보다는 안전성, 유동성 확보
  - 정기예·적금, CMA, MMF

    (신협, 새마을금고 등 제2금융권, 증권사 이용)

  1) 초단기 자금

     CMA, MMF
  2) 절세 금융 상품
     - 생계형 저축 : 나이가 60세 이상일 경우 1인당 3,000만 원 한도로 비과세
     - 조합원 예탁금 : 1인당 3,000만 원까지 저율 과세(이자의 1.4%)
     - 세금 우대 : 1인당 1,000만, 60세 이상일 경우 3,000만 원까지 이자의
       9.5% 과세

- 중기 투자(5~7년)
  - 안전성과 더불어 수익성을 기대할 만한 상품으로 고려
  - 선취 수수료 상품으로 설계하여 부담 완화
  - 적립식 펀드 등을 이용한 공격적 투자를 배분

  1) 주식형 펀드

     주식형 펀드에 적립식으로 투자할 경우 매입 단가가 낮아지는 코스트 에버
     리지 효과가 발생하여 주가가 내려가더라도 중기 투자가 이뤄질 경우 평균
     매입 단가가 낮아지는 효과로 안정적인 수익이 발생.
  2) 투자 위험 분산

     투자 유형, 투자 지역, 투자 시점 분산

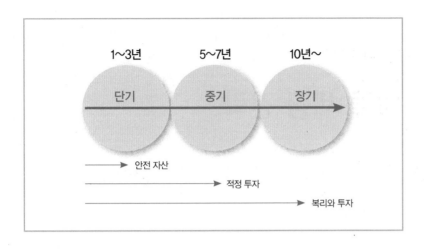

- 장기 투자(10년 이상)
  - 중장기는 복리 효과를 누릴 수 있으므로 고수익률을 기대할 만한 상품으로 고려
  - 펀드 변경이 가능한 상품으로 운용(국내 60~70%, 해외 30~40% 배분)
  - 추가 납입, 중도 인출 가능한 상품

1) 자녀 교육 자금 · 독립자금
  - 증권사의 어린이 전용 펀드
    · 어린이 경제 교육 프로그램 참가, 무료 상해 보험 가입 혜택.
  - 보험사의 어린이변액
    · 10년 이후에 필요한 교육 자금, 독립 준비 자금 . 비과세 활용 가능.
    · 사전 증여 계획 등 다양한 측면에서 활용될 수 있음.
    · 자녀의 나이에 따라 투자 기간과 투자 상품을 달리 하는 게 좋음.
2) 노후 자금
  일반적으로 은퇴 자금 마련은 보험사의 변액연금, 변액유니버셜보험으로 마련하는 것이 바람직. 선진국의 경우 장기 자금 마련으로 변액유니버셜보험을 선택하는 비중이 높음.

chapter 10

알뜰 세금 전략

 "영희야, 너… 회비 빨리 입금해.
애들 중에 너만 안 냈어."

"뭐? 진짜? 어머… 미안~."

영희는 친구로부터 회비 독촉 전화를 받고 얼굴이 빨개졌다. 오랜
친구지간이라 예의 차릴 것도 없었지만 그래도 돈 내라는 전화는 영
적응이 되지 않았다. 미안하고 부끄러운 마음에 제대로 말을 잇지 못
하자 눈치 빠른 친구가 웃으며 말을 보탰다.

"야~ 농담이야 농담! 너만 안 낸 거 아니고 몇 명 안 냈길래 겸사
겸사 전화한 거야. 기지배, 쫄긴~. 하기사 일 년에 한꺼번에 25만
원씩 내는 게 부담스럽긴 해. 그치?"

"너도 그렇게 생각하지? 잊어버리고 있다가 25만 원 내라는 문자

받으면 그야말로 가슴이 철렁, 근심걱정이다."

"호호. 그래도 어쩌니. 10년간 돈 모아서 여행 가기로 했잖아. 이렇게라도 모으지 않으면 안 되는 거 몰라? 그나저나 늬 남편 회사원인데 뭐 걱정이야. 13월의 월급이 나오잖니. 그거 미리 당겨서 써. 야! 우리 남편은 사업 구상한다며 1년째 놀고 있어서 그런 건 어림도 없다. 부럽다, 부러워."

"13월의 월급? 아… 연말정산?"

순간 영희는 연말정산이 떠올랐다. 맞다 그게 있었다. 영희는 갑자기 세상이 환해지는 기분이 들었다. 해마다 돌려 받는 연말정산은 생각지도 않은 보너스요, 깜짝 선물이었다. 많은 금액은 아니었지만 그래도 살림에 도움이 되는 금액이었기에 회비 정도는 문제 없을 듯 싶었다.

영희는 친구에게 당장 내일 입금시키겠다고 약속한 뒤 남편에게 전화를 걸었다. 그러곤 슬쩍 연말정산에 대해 물었다.

"연말정산? 그거 이제 얼마 안 나올 거야. 갈수록 줄어들잖아."

"그래? 왜?"

"소득공제 혜택도 줄어드는 데다 월급쟁이는 유리 지갑이라고 하잖아. 그러니 뭐 세금에 대해 빠져 나갈 구멍이 있나…."

"그래도 우리집은 신용카드도 많이 쓰고 애들 교육비도 많이 나가는데 많이 돌려받지 않을까?"

"허, 참. 이 사람이 세상 모르는 소리 하고 있네. 요즘 소득공제 혜택이 얼마나 축소됐는데…. 신용카드도 무조건 많이 쓴다고 모두 공제해 주는 게 아니에요. 앞으로는 세액공제로 바뀌어서 월급이 오를 수록 세금 공제 혜택도 줄어든다고 합니다요, 마나님!"

마영희는 무안해졌다. 그동안 연말정산에 대해서는 남편이 거의 모든 서류를 준비했고 영희는 남편이 부탁하는 기부금 서류 정도만 떼어준 것밖에 없었다. 그저 정산이 되어 나오면 좋다고 쓰기만 했지, 그동안 세금이 어떻게 환급이 되는지 잘못 하면 추징을 당할 수도 있는 사실에 대해 너무 무심했던 것이다.

"그나저나 여보, 말 나온 김에 내 이름으로 가족 관계 증명서나 떼어 와. 부모님 인적 공제 서류도 준비해야지. 미리 떼어다 놓으면 좋잖아."

"어머, 어머님 아버님이 쓰신 것도 당신 연말정산에 포함되는 거야?"

"몰랐어? 부모님이 우리 부양가족으로 되어 있잖아. 내가 장남이고 부모님 소득도 별로 없으시니 공제를 받아야지."

"아… 그렇구나."

이쯤 되자 영희는 정말 부끄러워졌다. 남편에게 모든 걸 맡긴 채 그저 13월의 월급이나 바라고 있던 자신이 초라해졌다. 몰라도 너무 모르고 있던 세금, 그건 또 하나 해결해야 할 숙제였다.

❖ ❖ ❖

엄마들에게 세금은 또 하나의 숙제다. 그러다 보니 어느새 엄마들 사이에서 세테크란 말이 유행처럼 번졌다. 세금을 잘 활용하여 재무에 도움을 받는, 말하자면 세금을 이용한 재테크다.

세금을 아껴서 얼마나 이익을 얻을까 생각하지만, 그 푼돈이 모여 종잣돈이 되기도 한다.

얼마 전 결혼한 A씨는 모아 놓은 돈이 별로 없이 월세로 신혼살림을 시작했다. 맞벌이를 하고 있어 직장 근처에 집을 얻어 살림을 시작하던 중 세테크의 맛을 톡톡히 보았다. 월세로 세금을 돌려받게 된 것이다.

세법 개정안에 따르면 언 소득 5,000만 원 이하의 무주택 세대주는 국민주택 규모(85.2㎡) 이하 주택에 대해 월세를 지급할 경우, 지급액의 60%를 공제받을 수 있다. 연간 한도 500만 원을 공제받을 경우, 연 소득 5,000만 원인 근로자의 경우 최대 49만 원가량의 절세 효과를 누릴 수 있다. 다달이 60만 원의 비싼 월세를 내던 주부 A씨는 돌려받은 돈을 꼭 필요한 곳에 쓰면서 살림꾼으로 변할 수 있었다.

세금은 피해갈 수 없는 의무지만 줄일 수는 있다. 먼저 연체료를 물지 않아야 한다. 쓸데없는 지출이 나가지 않도록 하는 것이다. 한 달이 어떻게 지나가는지도 모를 정도로 바쁘게 살다 보면 세금 납부 같은 것을 놓치게 된다. 의외로 납기일을 지키지 못하는 이들이 많다. 고지서 연체료만 해도 그렇다.

연체료가 고작 얼마나 될까 싶지만 한 달에 납부하는 고지서를 다 모아 놓고 연체료만 계산해 봐도 금액이 꽤 된다. 세금마다 납기일 이후 붙는 가산금은 그 정도가 다 다르다. 납기일을 지키지 못했을 때 연체료가 한번 붙기도 하지만 계속 연체료가 가산되는 경우도 있다. 단 하루 연체했는데 한 달 연체료가 붙기도 한다.

세테크의 기본은 세법에 대해 아는 것이다. 상담을 하다 보면 세금은 아예 모르는 일이라며 고개부터 젓는 고객들이 더러 있다.

"저는 계산에 약해서 잘 몰라요."

"세금 같은 건 남편이 하든가, 그냥 고지서 나오면 내죠. 어련히 알아서 잘 보냈을까요."

그러나 알고 내는 세금과 모르고 내는 세금의 차이는 크다.

최근 세법이 개정되면서 크게 달라진 부분이 있다. 바로 직장인들에게 13월의 보너스라 불리는 연말정산이다. 가장 큰 핵심은 고액 연봉 근로자의 세금을 더 늘리겠다는 취지로 세액공제 방식의 연말정산으로 바뀐 것이다. 이제까지는 세금을 계산하는 기준이 되는 소득을 줄이는 소득공제였다면, 이제는 산출한 세금에서 세금을 더 깎아 주는 세액공제 방법이다.

이들의 차이는 무엇일까? 소득공제는 공제가 되는 항목의 지출이 많을수록 세금을 덜 낸다. 다시 말해 신용카드 공제나 기부금 공제 등 세금이 공제되는 항목에서 지출을 많이 할수록 세금이 깎이는 구조였다. 그러나 세액공제는 소득에 상관없이 일정액을 감면한다.

이렇듯 연말정산에서도 세법을 잘 알아 두면 향후 대처 방안도 마련할 수 있다. 만약 소득이 높다면 모든 항목이 세액공제로 바뀌지 않는 다는 것에 주목하여 소득공제될 수 있는 항목을 활용하면 된다. 예를 들어 세액공제가 아니라 소득공제로 남는 주택자금 공제, 연금보험료 공제 등을 더 활용하여 세금 우대를 받는 것이다.

세법은 자주 바뀌기에 눈과 귀를 열어 두고 살펴보아야 한다.

세테크 전략은 세대별로 다르다. 나이와 수입 규모, 자산 규모, 그에 따른 세금 규모도 달라지기 때문에 세대에 맞춘 절세 전략이 필요하다.

2030세대 절세 전략

자산을 만들어가는 시기여서 재무적인 문제가 쌓여 있다. 결혼 자금 마련, 주택 관련 자금, 자녀 양육 자금, 교육 자금까지. 돈을 모으는 것도 중요하지만 불필요한 세금이 나가지 않도록 해야 한다.

목돈 마련을 위해 금융 상품에 가입할 때는 절세 효과가 큰 비과세 상품, 세금 우대 상품, 일반 과세 상품 순으로 한다.

다만 세금이 감면되는 상품은 가입 기간이 길기 때문에 단기적으로 자금이 필요하거나 중도에 해지할 가능성이 있을 땐 아예 가입하지 않는 게 좋다. 처음 가입 시 세금을 감면받았기에 그 금액을 되돌려 내야 하기 때문이다. .

3040세대 절세 전략

어느 정도 사회생활의 여유를 찾는 시기. 이때는 수입도 늘고 투자 여윳돈도 있다. 자산을 증식하는 데 관심이 있어서 안정적 투자보다 공격적 투자를 선호하다. 내 집 마련 욕구가 크기 때문에 주택자금 마련 상품에도 관심이 높다. 따라서 이런 상품 위주로 절세 전략을 세워야 한다. 금융 상품에 대해선 앞서 2030세대 절세 전략과 마찬가지로 세금이 적게 나가는 상품을 선택하는 것이 중요하다. 특히 주택 마련과 관련해서는 세금을 줄이는 전략들을 참고하는 것이 좋다.

- 양도는 과세 기준일 전, 매수는 과세 기준일 후에 하는 것이 유리하다(잔금일 기준).

   (과세 기준일 6월 1일, 현재 소유자 대상으로 부과되는 재산세와 종합부동산세)

- 주택은 부부가 공동 소유로 하는 것이 유리하다.

   (종합부동산세는 개인별 부과되는 세금, 부부 공동명의 12억 단독일 경우 9억 과세 기준으로 주택의 가격이 높을수록 공동명의가 유리하다.)

- 다주택자일 경우 주택임대사업자로 등록하는 게 유리하다.

   (장기임대주택은 종합부동산세 부과 대상에서 제외. 단, 공시 가격 3억 이하, 1채 이상을 5년 이상 임대해야 가능. 2013년 6월 기준.)

5060세대 절세 전략

자산을 보존하며 노후를 대비하는 시기로 재산을 넘길 준비를 해야 한다. 이때는 수익률보다 안전성 위주로 금융 자산을 지키고, 노령자 우대 금융 상품을 최대 이용하여 절세 효과를 누려야 한다. 생계형 비과세 저축, 세금 우대 저축 등은 가입 나이와 저축 한도 등에 제한이 있으므로 이에 대해 알아본 뒤 적합한 상품을 선택하는 것이 좋다.

특히 이즈음 상속세와 증여세를 고려해야 한다. 이 두 가지 세금은 복잡하고 상황에 따라 달라지는데 이 경우에는 증여자의 채무까지 함께 인수하는 제도인 부담부증여까지 다양한 절세 전략이 있다.

그러나 오히려 세금 폭탄을 맞을 수 있기 때문에 이 부분에 있어서는 전문가의 힘을 빌리는 것이 좋다. 앞서 금융 주치의에 대해 언급했듯 자산을 관리하고 함께 고민해 줄 수 있는 재무 전문가들과 끊임없이 유대관계를 갖고 자산 내역을 투명하게 공개한 뒤 전략을 미리 세워 두는 게 좋다.

Part 4
Mom's Financial Know-how

자산을 키우는
마녀의 재무 솔루션

chapter 01

마르지 않는
통장 만들기

"여보세요! 영희가? 니 지금 빨리 집으로 좀 온나."

다급한 엄마의 전화에 영희는 무슨 일이 벌어졌음을 직감했다. 친정으로 향하는 얼마 안 되는 시간 내내 상상의 나래를 펼치며 집에 도착했다.

"무슨 일이에요?"

문을 열고 들어가니 친정아버지가 다리에 붕대를 친친 감고 앉아 계셨다. 친정엄마는 아버지 어깨를 주무르고 계셨다. 오른쪽 다리 전체를 깁스하신 채 계시던 아버지는 어머니를 나무라듯 쳐다보시며 말씀하셨다.

"당신은 쓸데없이 전화를 했어. 지금 몸도 무거운 애 놀라게."

엄마는 괜히 눈을 피하며 영희에게 말을 건넸다.

"아버지가 쪼매 다치셨다. 하이고 내가 속상해서…. 늬들도 알아야 하잖나. 그래서 연락했다."

"아니, 왜 다치셨어요? 어디서요? 괜찮으신 거예요?"

얘기인즉슨 평소에 등산을 하며 체력을 단련하던 아버지가 산에서 내려오다가 발을 헛디뎌 넘어졌는데 커다란 바위에 대퇴부가 부딪히면서 큰 사고가 됐다는 것이다. 거의 다 내려오다가 사고를 당해서 119 구조 대원이 찾기에 그나마 수월했다며 다행이었다는 아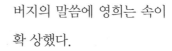버지의 말씀에 영희는 속이 확 상했다.

"아버지, 그게 뭐 다행이에요? 그러게 산은 위험하니 동네 헬스클럽 다니시라고 했잖아요. 연세도 있으시고 날도 추워지는데 산은 왜 자꾸 다니셔서 이런 사고를 당하세요."

"헬스클럽이 뭐 좋냐. 돈만 들고. 산은 돈도 안 들고 공기도 좋고…. 또 사람도 만나고. 그나저나 괜찮다.

한 두어 달만 있으면 괜찮다더라. 걱정 말아라."

속상해하는 영희에게 친정엄마는 기름을 들이붓는 말을 이어갔다.

"어제 119 구조대원 오고 난리도 아니었다. 아버지가 하도 너한테 전화하지 말래서 나 혼자 따라다녔는데 이거 원 무서버서…. 늬 엄마 목숨 1년은 줄었을 끼다. 하이고마, 구조차 오고 이것저것 검사하고 기브슨가 뭔가 하는 데도 웬 돈이 그리 많이 들어가는지."

무슨 일이든 돈과 연관 짓는 엄마의 모습에 짜증이 배어 나왔다. 물론 갑작스럽게 돈이 들어갔으니 십 원짜리 동전 하나에도 벌벌 떠는 엄마로서는 당황스럽겠지만 그래도 지금은 온전히 아버지 걱정만 했으면 좋겠다는 생각이 들어 한마디 쏘아붙였다.

"엄마, 이만한 걸 다행으로 아세요. 돈은 나중 문제예요."

아버지는 며칠 사이 더 늙은 듯 보였다. 얼마나 놀라셨을까, 엄마에게 얼마나 잔소리를 들으셨을까, 마음껏 아프지도 못하시겠단 생각에 가슴이 아팠다. 엄마가 점심을 차리러 나가고 아버지와 단둘이 남게 된 영희에게 아버지가 속마음을 털어놓았다.

"큰애야. 이 번호로 전화 좀 넣어라. 내가 요즘 공공근로를 신청해서 하고 있는데 다리가 이렇게 됐으니 못하게 됐잖니. 사정 애기하고 다리 다 나으면 할 수 있는지 알아봐야겠다."

"아버지, 공공근로 하셨어요?"

"늬 엄마한텐 비밀이다. 누가 공공근로를 신청해 줬는데 용돈 벌이로도 괜찮고 소일거리도 된다고 해서 시작했는데 좋더라. 사실 늬 엄마 나한테 매일 산에 가서 산다고 했는데, 공공근로 몇 시간 하고 뒷산 한 바퀴 스윽 돌아오고 그랬어. 야야, 나도 비상금이 좀 있어야 하지 않겠니. 그나저나 이제 몇 달은 못 할 텐데…. 나 이러다 짤리면 어쩌냐? 하하."

순간 눈물이 핑 돈 영희, 아버지의 얄팍한 주머니 사정에 가슴이 찡해져 왔다. 서둘러 전화를 걸어 아버지의 사정을 이야기하자 고맙게도 공공근로 업무를 맡고 있는 담당자가 석 달 뒤에는 다시 일할 수 있게끔 조치해 준다고 했다. 그 말을 듣곤 아이처럼 기뻐하시는 아버지를 향해 영희는 말했다.

"아버지, 석 달 동안 월급 못 받으시는 건 제가 드릴게요. 아버지도 비상금 필요했던 것처럼 저도 요즘 비상금 모았거든요. 아마 우리집 금융 주치의도 잘했다고 할 거예요. 이런 때 쓰라고 비상금이 있는 거죠. 제가 엄마 몰래 드릴게요. 그러니 니무 긱정 마세요. 아셨죠?"

그러자 더욱 아이처럼 웃으시는 아버지를 바라보는 영희의 눈에 눈물이 고였다.

가정경제에서 갑자기 써야 할 일이 있을 때 쓰는 자금을 긴급 예비 자금 또는 비상 예비 자금이라 부른다. 재무 상담을 하면서 필자는 이런 이야기를 자주 한다.

"한 달간 비상 자금 없이 사는 건 헤드라이트를 켜지 않고 터널을 운전하는 것과도 같다."

미리 생기지도 않을 일을 염려해 예비 자금을 마련하는 게 그렇게 중요할까? 물론이다. 연로하신 부모님이나 어린 자녀가 있는 가정이라면 비상 상황은 예고 없이 찾아온다. 그렇기에 비상 예비 자금은 필수적이다.

긴급 예비 자금은 한 달 평균 소득의 세 배 정도가 적당하다. 월수입 200만 원이라면 비상 자금은 600만 원 정도가 항상 있어야 한다. 그러나 이 돈도 마련하기 힘들다면 천 리 길도 한 걸음부터이니 적은 금액이라도 마련해 놓고 차차 늘려가도록 한다.

주인공 부부도 현금 자산에서 긴급 예비 자금 500만 원 정도를 미리 예치시켜 놓았다. 자산과 부채를 정리하면서 현금화할 수 있는 자산에서 적은 금액이라도 떼어 미리 적립시켜 놓는 것이다.

가정의 포트폴리오를 다시 짤 때 우선적으로 현금화할 수 있는 재무의 일부를 긴급 예비 자금으로 편성하는 게 좋다. 그것이 어렵다

■비정기 지출의 활용

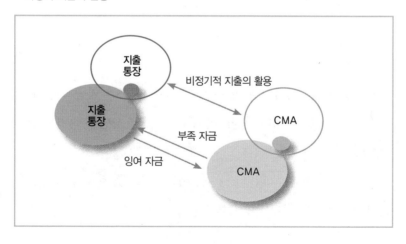

면 다달이 저축해 최소한 한 달 소득만큼은 긴급 예비 자금으로 떼놓는 것도 방법이 될 수 있다.

　이 돈은 고정으로 지출하는 것 외에 긴급한 상황에서 쓸 돈이다. 고정적으로 나갈 돈이 아닌 별도의 돈이다. 그러므로 가능한 한 이 통장은 손을 대지 않도록 관리해야 한다. 만약 마이너스가 되는 달에는 긴급 예비 자금 잔고를 활용하되 다음 달엔 반드시 통장을 채워 통장에 잔액이 마르지 않도록 해야 한다. 이렇게 긴급 예비 자금은 따로 마련하되 긴급 예비 자금 통장에 매달 비정기 지출에 사용될 금액도 이체하여 통장을 풍성하게 하도록 한다. 다음은 주인공 부부의 긴급 예비 자금 통장에서 빠져나갈 비정기 지출 목록과 그 통장의 잔액이 마르지 않기 위해 조정한 지출 금액이다.

■ 이정도 · 마영희 부부의 비정기 지출 조정 전후

연간 비정기 지출	현재	조정 후
세금 (재산세)	32만 원	32만 원
자동차세 · 보험료	86만 원	86만 원
생신 · 기념일	100만 원	50만 원
명절	200만 원	100만 원
의류비	250만 원	150만 원
경조사	105만 원	100만 원
기타	50만 원	80만 원
(연) 합산	823만 원	598만 원
(월) 평균	68만 5,000원	49만 8,000원

주인공의 경우 각 항목별로 크게 나누었으나 비정기 지출을 조정할 때 세분화시킬 필요가 있다. 오른쪽 표는 비정기 지출 항목을 세분화시켜 본 표이다.

비정기 지출 항목을 세분화시켜 놓으면 지출을 더욱 투명하게 볼 수 있다. 가능한 한 세분화시킨 뒤 1년 단위로 어느 정도 쓰는지 따져 본 뒤 그 총액을 12개월로 나누면 다달이 필요한 비정기 지출 금액이 나오게 된다.

주인공의 경우 월 69만 원으로 꽤 많은 비정기 지출 금액이 나가고 있다. 이 금액은 충분히 줄일 수 있는 부분이 있으므로 월 50만 원 정도, 연 600만 원 지출하는 것으로 조정한다. 비정기 지출에 필요한 금액은 CMA통장에 넣고 활용하는 것이 좋다. CMA통장은 입출금이 자유로우면서 무엇보다 하루 단위로 이자가 붙는다.

비정기 지출 통장은 저축의 또 다른 수단으로 이용하도록 한다. 직장인의 경우 비정기적인 수입이 발생할 수 있다. 예를 들어 상여금, 연말정산, 연월차 정산 수당 등 비정기적인 수입을 미리 예상하고 비정기 지출 통장에 저축하면 기분에 따른 즉흥적인 지출을 줄일 수 있다. CMA통장은 체크카드 기능도 있으므로 비정기 지출은 이것으로 결제하는 것이 좋다. 체크카드도 신용카드 못지않은 포인트를 적립해 준다.

■ 비정기 지출 항목 예시표

구분	지출 항목	연간 지출	지출 내역	구분	지출 항목	연간 지출	지출 내역
자동차	수리비			세금	재산세		
	자동차 세금				토지세		
	보험료				종합부동산세		
	소계				주민세		
교육비	각종 회비				소계		
	현장 학습비			경조사	결혼, 돌, 장례		
	교재 등				종교 활동		
	소계				소계		
생활 용품	가구 가전			명절	설 세뱃돈		
	수선 수리				추석 용돈		
	기타				선물		
	소계				소계		
의료비	건강 식품			양가 부모 생신	친정 부모님		
	의료 기구				시댁 부모님		
	병원비				소계		
	소계			가족 행사	어린이날		
의류비	부부 의류				어버이날		
	자녀 의류				결혼기념일		
	소계				자녀 생일		
미용비	미용실				크리스마스		
	화장품				기타		
	소계				소계		
여행비	가족여행			기타			
	레저						
	소계						
지출합계/ 월상환액	합계 ÷ 12 = 월 지출액						

chapter 02

쩐모양처의
돈 쓰는 습관

 "언니, 나 물 한 잔만 줘."

다짜고짜 막내 여동생이 집으로 들이닥치더니 물을 달란다. 영희
는 물 한 잔을 가져오며 동생의 안색을 살폈다.

"왜? 또 잘 안 됐어? 이번에 그 사람 성실하고 괜찮다고 엄마가 그
러시던데 웬만하면 좀 잘해 보지."

"아, 몰라. 그 사람 능력 없는 것 같아."

"왜, 조그마한 집도 가지고 있다던데?"

"그게 뭐 대수야? 능력 없으면 말짱 꽝이야."

"니가 그 사람 능력이 있는지 없는지 어떻게 아니?"

"글쎄… 내가 재형저축 들었냐고 물으니까 대뜸 자랑스럽게 들었
다고 하는 거 있지? 자랑할 게 따로 있지."

"야! 재형저축까지 들 정도면 성실한 남잔데 왜 그래? 얘가 아주 배가 불렀구먼."

영희는 안타까운 마음에 동생을 나무랐다. 그러자 동생이 한심하다는 듯 쳐다보며 말했다.

"참! 언니도 뭘 잘 모르시네. 언니, 재형저축을 누가 드는 거야? 연봉 5천 이하 근로자가 드는 거 아냐. 그 말은 뭐겠어? 그 남자 연봉이 5천이 안 된다는 소리잖아. 내가 지금 나이 서른 중반에 연봉 5,000도 안 되는 사람이랑 우울하게 시작해야겠어?"

"그게… 그렇게 연결이 되는 거니?"

영희는 동생의 말에 고개가 끄덕여지면서도 씁쓸해졌다. 십수 년 전 결혼할 때만 해도 남편의 연봉은 크게 생각하지 않았는데 그때와 지금은 또 다른가 보다.

동생은 물 한 잔을 들이켜더니 나가려고 일어섰다.

"어디가? 저녁 해 줄 테니까 저녁 먹고 가."

"저녁은 무슨. 나 요즘 저녁 굶는단 말이야. 나가서 커피나 한 잔 마시고 영화나 한 편 볼래."

"뭐어? 얘! 커피는 여기서 마셔. 왜 나가서 사 먹니?"

"아휴, 싫어. 언니네 믹스 커피밖에 없잖아. 요즘 누가 그런 거 마셔? 난 드립 커피만 마신다고!!"

"드립 커피? 웃기고 있네. 야, 남자 연봉 따지지 말고 너나 돈 아껴 써. 나도 이런 말할 처지는 못 되지만 너 너무 막 쓰는 거 아니니? 여자만 연봉 보는 줄 알아? 남자들도 여자 경제력 본다고. 돈 한 푼

모은 것도 없으면서. 그 커피값만 해도 그래. 너, 하루 서너 잔은 사 먹지? 그게 얼마냐? 한 잔에 4,000원만 쳐도… 1만 6,000원? 헐."

"어머 언니, 왜 그렇게 쩨쩨해졌어? 커피 사 먹는 건 나만의 특별 활동 같은 거야."

되지도 않는 사업 한답시고 돈 빌려 달란 남동생이나, 남자 경제력은 깐깐하게 따지면서 정작 자기는 헤픈 여동생이나 다들 한참 철이 덜 들었단 생각이 들었다.

기어코 커피 한 잔 사서 마시고 가겠단 동생의 뒤통수에 대고 영희는 돈 아껴 쓰란 말을 귀에 콕 박히도록 해 주었다. 콧방귀를 뀌고 가는 동생을 보며 그녀는 자기도 모르게 혀를 차며 말했다.

"쯧쯧. 결혼해 봐라. 돈 모으고 싶어도 못 모은다. 지금부터라도 얼른 모아라."

이런 말을 하며 돌아서는데 그만 피식 웃음이 나왔다. 뭐랄까, 자신도 이제 소비형 인간에서 저축형 쩐모양처로 변해 가고 있다는 기분이었다.

광고 카피처럼 커피 한 잔의 여유를 즐기고 싶지 않은 사람은 없다. 그러나 커피 한 잔 값의 효과가 무척 크다는 사실을 아는 사람은 그리 많지 않다.

커피 한 잔의 효과! 커피 값을 아껴 금융 상품에 장기간 투자했을 때 얻을 수 있는 효과는 대단히 크다. 재테크 서적에 자주 등장하는 용어가 있다. 바로 '카페라테 효과'다. 재무 컨설턴트 데이비드 바흐는 하루에 라테 한 잔 값을 아끼면 얼마나 큰 효과를 볼 수 있는지 소개했다.

이제 커피는 하나의 기호품을 넘어 문화가 되었다. 그런데 이 커피값이 만만치 않다. 데이비드 바흐는 직장인들이 커피에 얼마나 많은 돈을 쓰는지 살펴보았다. 보통 하루에 커피를 마시고 그 외 부수적으로 쿠키나 베이커리 등 잡다한 데 쓰는 비용이 10달러(한화 1만 원 정도 책정)였다. 한 달의 반 이상을 일한다고 할 때 150달러(한화 15만 원) 정도가 나가는 셈이다. 1년이면 2,000달러, 한화로는 대략 200만 원이 된다.

이 상황을 우리 사정으로 바꾸어 보자. 영희 동생의 경우처럼 하루에 커피 한 잔만 사 마신다고 가정하고 한 달 내내 금액을 따져 보면 커피 한 잔에 4,000원, 한 달이면 12만 원이 된다. 1년이면 150만 원 가량의 돈이 커피값으로 나가는 것이다. 이 커피값을 장기적으로 복리 이자를 주는 상품에 투자할 때 어떤 결과가 벌어질까?

■하루 커피값 4,000원을 투자했을 때 수익(복리) (단위: 천 원)

기간 \ 수익률	1년	5년	10년	20년	30년
원금	1,500	7,500	15,000	30,000	45,000
4%	1,560	9,124	22,203	65,733	145,952
7%	1,605	10,519	29,507	116,090	342,551
10%	1,650	12,078	38,906	201,824	785,223

적은 금액이라고 생각했는데 시뮬레이션화해 보니 상상을 초월하는 금액이 나온다. 소액이라도 장기적으로 복리 투자할 경우 큰 목돈을 만들 수 있음을 알 수 있다. 쓸데없이 소비하는 부분을 저축으로 돌리는 지혜가 필요하다는 사실을 기억하자.

쩐모양처들은 적은 돈도 아끼고 그 돈을 모았을 때 어떤 효과가 있을지 시뮬레이션해 보는 습관이 있다. 미래에 목돈이 생기는 모습을 상상하면 함부로 돈을 쓰지 않게 된다.

그 외 쩐모양처들의 습관을 따라해 보자. 쩐모양처들은 비정기적으로 나갈 돈을 최대한 줄인다. 비정기 지출에 해당하는 항목을 살펴보면 세금, 경조사비, 행사비, 의류, 품위 유지비 등이 속한다. 이는 반드시 들어가야 할 세금 외에는 쓰지 않으려고 작정하면 쓰지 않을 수도 있는 항목이다. 쩐모양처는 이 부분을 주목한다. 가능한 한 최대한 지출을 줄이는 것이다.

가정의 새로운 포트폴리오를 짜고 비정기 지출을 가능한 한 줄이도록 당부하면 다들 수긍한다. 그런데 이내 통장이 말랐다고 연락을 해 온다. 그때 하는 조언은 같다.

"단돈 만 원이라도 남기는 습관을 들여 보세요."

쩐모양처가 되려면 먼저 비정기 지출 부문에서 덜 쓰는 습관을 들여야 한다. 단돈 만 원이라도 남기는 습관을 통해 통장 잔액이 마르지 않을 때 가정경제는 풍성한 길로 간다.

쩐모양처들은 가족 일에도 객관성을 유지한다.

양가 가족을 과도하게 살피다가 가정경제가 위협받기도 한다. 의외로 많은 가정이 친정이나 시댁 돕는 일에 많은 지출을 한다. 어려움이 닥칠 때 양가를 살피거나 형제를 돕는 것은 당연한 일이다. 그러나 자기 수준에 맞지 않은 과분한 지원은 문제가 있다.

돈거래도 마찬가지다. 형제지간이라도 결혼하고 나면 각자 독립적으로 경제를 이끌어 가야 한다. 여유가 있다고 해서, 안됐다는 마음에 형제를 돕기 시작하면 한도 끝도 없이 돕게 되고 결국 자기 가정의 재무 구조까지 한순간에 무너지게 된다.

형제간 돈거래는 많은 사례가 증명하듯 뒤끝이 좋지 않다. 비상 자금이나 여유 자금이 있다면 차라리 그냥 준다는 마음으로 돕는 게 낫다. 빌려 준다거나 형편도 되지 않는데 무리하게 돈을 끌어다 주는 건 피해야 한다.

한 부부가 나를 찾아왔다. 맞벌이 부부였다. 둘 다 수입도 좋아 직장을 포기할 수 없어서 어린 자녀들을 시어머니께서 맡겼다. 그런데 거기에서 부부간의 갈등이 시작되었다. 남편은 연로하신 어머니가 아이들을 키워 주시는 것에 대해 미안하고 고마운 마음에 부모님께 급여의 절반에 가까운 돈을 수고비로 드렸다. 아내는 남편이 과도하게 시댁에 돈을 주자 친정 부모님이 생각나 자신도 친정에 넉넉하게 경제적 지원을 해 주었다. 그러다 보니 둘이 합쳐서 월 1,000만 원을 넘게 벌었지만 나가는 돈이 무척 많았다. 게다가 이들은 이런 문제에 대해서 서로 의논도 하지 않았다. 부부간의 재무 대화가 거의 없다 보니 서로에 대한 불신만 쌓여 갔다.

또 친정과 시댁에 행사가 있으면 다른 형제들과 의논해서 분담하기보다는 다른 형제들의 살림이 어렵고 자신들이 형편이 낫다는 이유로 무조건 본인들이 부담하는 편이었다. 그러다 보니 정작 자신들의 살림은 곤궁해지게 되었다. 부부관계도 자연스럽게 금이 가기 시작했다.

시댁과 친정의 대소사를 소홀히 할 수는 없다. 그러나 과도한 지원은 가정경제에 큰 부담이 된다. 일일이 가족 행사를 챙기는 건 위험하다. 가끔 모른 척 지나가는 것도 방법이다. 쓸데없는 체면, 맏이라는 의무감에 연연하다 보면 무리한 지출을 하게 되고 결국 본인의 가정경제가 무너지게 된다.

쩐모양처는 자신만의 절약 노하우, 살림 노하우가 있다. 이들의 생활비를 줄이기 위한 알뜰 쇼핑법을 배우는 것이 좋다. 예를 들어 대형 할인매장을 가기 전에는 미리 쇼핑 계획을 세운다. 냉장고를 먼저 점검해 어떤 물건이 없는지 확인하여 꼭 필요한 물품만 산다. 신문에 함께 끼어 오는 인근 쇼핑센터나 마트 홍보지를 보고 할인 품목을 확인하고, 인터넷 쿠폰을 활용하여 할인을 받는다. 이렇게 하면 꽤 많은 부분에서 생활비를 줄일 수 있다.

특히 요즘 맞벌이가 많아지면서 가정마다 외식비 지출이 의외로 많다. 가능한 한 외식은 하지 않는 것이 좋다. 가족들의 외식 한 번만 줄여도 5만 원 정도를 아낄 수 있다. 부득이하게 외식을 해야 한다면 쿠폰 할인 사이트를 이용하도록 한다. 조금만 수고를 하면 다만 얼마라도 아낄 수 있다. 외식하는 날을 정해 놓는 것도 좋다. 한 달에 한두 번 정도로 제한해 보자.

내가 아는 고객 중에는 베이커리와 떡 만드는 솜씨가 뛰어난 이가 있다. 이 고객은 누구를 방문하거나 선물할 일이 있으면 직접 만든 빵이나 떡을 예쁘게 포장해서 선물한다. 큰돈을 들이지 않고도 정성스런 선물을 할 수 있어 받는 이나 주는 이 모두에게 만족감이 크다. 이처럼 자신의 재능을 이용해 교제비 등을 줄여나갈 수도 있다.

그러나 돈을 아끼는 것에 너무 목메다가 정작 중요한 일을 놓쳐서는 안 된다. 어떤 사람이 보일러 수리를 위해 네 시간 동안 직접 수고를 한 뒤 돈 5만 원을 절약했다고 하자. 그러나 정작 일에 서툴러 몸이 상하거나 다쳐서 병원 신세를 진다면 어찌 될까? 그 시간을 자신의 일에 투자하는 것이 낫다. 쩐모양처는 자신이 처한 상황, 어떤 것이 더 이익이 될지 따져 보고 효율적인 방법을 선택한다.

단돈 천 원이라도 아끼는 절약 팁

1. 쩐모양처의 쇼핑 따라잡기

- 할인 매장의 폐점 1시간 전을 적극 활용하라(50%까지 싸게 살 수 있는 물건이 있다).

- 장보기 전에 반드시 계획을 세워라(냉장고 점검은 필수).

- 가격 비교 사이트 활용하라.

- 인터넷 쇼핑의 배송료를 꼭 확인하라(무료 배송 이용).

- 화장품은 브랜드 데이를 이용하라. 최고 50%까지 할인한다.

- 신발, 의류 등은 아울렛 매장을 이용한다.

- 중고 사이트, 재활용품 매장을 이용한다.

2. 쩐모양처의 생활 속 절약

- 병원 진찰료와 약국 조제비 할증 시간을 피한다.

  (평일 오후 8시 이후, 토요일 오후 3시 이후, 공휴일 30% 할증)

- 가전제품은 동시에 사용하지 않는다.

- IPTV 셋톱박스를 꺼 둔다. 셋톱박스의 대기 전력은 일반 텔레비전의 약 10배 정도다.

- 고효율 가전제품을 사용한다.

- 보건소를 이용한다(각종 예방 접종 무료, 임신 기간 내 무료 진단 및 검사 이용 가능).

3. 쩐모양처의 무료 교육 강의

• 와삭 주니어 화상 영어 www.wasac.com

어린이 토익, 생활 영어, 작문 회화 등 재미와 교육을 함께 체험할 수 있는 영어 교육 무료 사이트.

• 칸아카데미 www.khanacademy.org

지적 호기심을 충족시킬 수 있는 무료 영상
사이트. 살만 칸이 만든 비영리 교육단체 사
이트로 약 4,000여 개 분야의 다양한 강의
를 무료로 이용할 수 있다. 빌 게이츠도 추
천한 사이트로 강의 수준이 높다. 유튜브 채
널(www.youtube.com/user/khanacademy)을
통해 한국어 자막으로 서비스받을 수 있다.

• 경기도 홈런 사이트 www.homelearn.go.kr/home.html

영어, 일본어, 중국어 등의 외국어와 공인중개사, 사회복지사, 직업상담사, 조리사 등 자
격증 공부도 할 수 있다. 요리, 음악, 공예, 사진은 물론 컴퓨터 활용 웹디자인, SNS 마케
팅, 재테크, 취업, 창업에 대한 교육 강의를 무료로 들을 수 있다.

• 무료 모바일 교육 앱 이용하기

스마트폰을 이용하여 무료로 교육 앱을 다운 받는다. 가장 최신의 앱을 다운받되 스마
트폰의 장점인 들고 다니며 공부할 수 있다는 점을 최대한 이용하여 시간을 절약하도
록 한다.

4. 쩐모양처의 맞벌이 지출 통제

– 신용카드를 사용하기보다 한 개의 통장에 두 개의 체크카드를 연결해 사용한다.

– 신용카드를 사용한다면, 카드사 한 곳에 집중하고 가족 카드를 사용한다.

– 통장 입출금 및 카드 사용 후 배우자에게 문자 통지가 가도록 해놓는다.

– 신용 관리 사이트에서 가족 신용 관리 서비스를 이용한다.

– 외식보다는 함께 장을 보고 요리해 식사를 즐기는 편이다.

chapter 03

종잣돈을 만드는
풍차 돌리기

                                 “에미야! 집에 좀 들러라.”

"무슨 일 있으세요?"

"무슨 일이 있어야 오냐? 그냥 너 보고 싶어서 그런다."

시아버지의 전화를 받고 영희는 조금 긴장이 되었다. 평소에 과묵하신 아버님이 직접 전화를 걸어 만나자고 하니 걱정부터 되었다..

서둘러 시댁에 도착하니 시아버지가 그녀를 맞았다. 시어머니는 잠시 외출 중이라고 했다. 말할 수 없는 어색함을 참지 못한 채 거실에 앉은 영희, 시아버지는 잠시 뒤 통장을 가지고 나오더니 그녀에게 내밀었다.

"애, 에미야. 이거 받아라."

시아버지는 두 개의 통장을 영희에게 건넸다. 통장 표지에 마영희라는 이름이 선명하게 쓰여 있었다. 영희는 깜짝 놀라 통장을 열어 보았다. 통장 하나는 120만 원이, 다른 통장은 120만 원에 30만 원이 보태어져 있었다. 자신의 이름으로 된 통장을 보니 당황스럽기도 하고 감격스럽기까지 했다.

"아니 아버님, 웬 통장이에요?"

"그게 말이다…. 내가 늬들 위해 준비한 거다. 금액이 너무 적어서 부끄럽다만 그래도 내 마음이다. 이제 셋째도 세상에 나올 텐데 시아비로서 해 준 것도 없는 것 같아 준비해 봤다."

그 말을 들으니 갑자기 눈물이 핑 돌았다. 그런데 왜 통장이 두 개인지 궁금해졌다.

"그런데 아버님, 통장이 두 개나 되네요?"

"신문을 보다 보니 요즘 뭐라더라…. 거 풍차돌리기가 유행이라더라. 다달이 1년간 돈을 붓고 그 돈을 찾아서 다시 예금에 넣는 식이라던데 그렇게 하면 이자가 더 많다더라. 시간이 없어서 하나는 1년짜리 적금을 몽땅 부어 120만 원짜리를 만들었고 또 하나는 120만 원에 석 달 동안 10만 원씩 부어서 30만 원을 넣었다. 이제부터 네가 가져가서 풍차를 돌리든 비행기를 돌리든 잘 굴려 봐라."

"어머… 아버님?"

영희는 아무 말도 나오지 않았다. 많지 않은 연금으로 생활하시는 데다 어려워진 시동생 생활비까지 보태시느라 힘들다는 걸 알고 있었다. 그런데도 태어날 손자를 위해 마음을 써 주시니 왠지 송구스러웠고 감사했다.

게다가 영희도 얼마 전에나 알았던 풍차돌리기 예금 방법에 대해 직접 알아보시고 준비하셨다는 데 더욱 감동이었다.

"아버님, 부모님께 잘하지도 못했는데 마음 써 주셔서 감사합니다. 이거 받아도 되는지 모르겠어요."

"받아도 된다. 네가 내 임플란트하는 데도 보탰잖냐. 오는 게 있으면 가는 게 있는 거 아니냐? 하하."

영희는 시아버지의 농담에 함박웃음이 나왔다.

"아버님, 정말 잘 쓰겠습니다. 아버님 마음이 담긴 소중한 돈이니 제가 효자 돈으로 만들게요."

시아버지를 만나고 돌아온 뒤 영희는 친구 지나에게 연락했다. 이 기쁜 사실을 알리니 친구도 함께 기뻐했다.

"영희야, 너 정말 시집 잘 갔구나? 그래, 내가 예금·적금 풍차돌리기에 대해 설명해 줄게. 어렵지도 않고 좋은 저축 습관을 들일 수 있을 거야. 시아버님 정말 센스쟁이신데!"

그날 영희는 세상에 부러울 것이 없었다. 누구보다 자신을 지지하고 응원해 주는 또 한 분의 부모님을 만났기 때문이다.

❖ ❖ ❖

"소도 비빌 언덕이 있어야 눕는다."라는 말이 있다. 재무에 있어서 종잣돈은 비빌 언덕이 된다. 종잣돈은 가정경제를 일으키는 중요한 역할을 한다. 특히 시간이 지날수록 재무 이벤트에 드는 비용은 커지고 그 항목도 늘어난다.

한창 자라는 자녀들을 위한 교육 자금, 자동차 구입비, 조금 더 나아가서는 자녀들의 독립 자금, 은퇴 후 노후 자금까지 굵직굵직한 재무 이벤트를 감당하려면 준비가 필요하다. 이때 종잣돈이 있으면 훨씬 유리하다. 갑작스럽게 큰돈이 들어가는 일을 만났을 때 그 돈이 없다면 막막하기 그지없다. 종잣돈은 여러 재무 이벤트를 대비할 수 있는 밑바탕이 된다. 자신에게 적정한 종잣돈 규모를 정해 지금부터라도 꾸준히 모아 두는 게 좋다.

마이너스 재정의 연속이었다가 그 세계에서 탈출한 고객이 있었다. 어둠의 세계(?)에서 탈출하는 데 종잣돈이 큰 역할을 했다. 처음에는 500만 원 정도 모아 그 돈을 단기 자금에 넣고 조금 더 저축해 더 큰 종잣돈을 모았다. 그렇게 5년간 5,000만 원을 모아 대출을 끼고 작은 오피스텔을 구입해 월세를 놓았다. 목이 좋은 곳에 구입한 오피스텔에서 나오는 월세는 그들 가정경제에 큰 도움이 되었다. 월세 받는 돈을 모아 또 다른 종잣돈을 만들어 지금은 꽤 윤택한 살림을 이어가고 있다.

주인공 마영희의 시아버지가 언급한 '예금 풍차돌리기'는 종잣돈을 마련하는 좋은 방법이다. 예금·적금 풍차돌리기는 적은 금액도 꾸준히 저축하며 안정되게 돈을 모을 수 있는 방법으로 떠오르고 있다. 1년 전 만해도 4%던 시중은행 금리가 3%까지 떨어지는 등 저금리 시대가 이어지면서 이자를 조금이라도 더 받으려는 이들에게 예금·적금 풍차돌리기는 좋은 방법이다.

풍차돌리기는 1년 만기 예금 상품에 가입한 후 12개월 뒤 매달 만기가 돌아오도록 상품을 만드는 것이다. 풍차돌리기는 짧은 기간 저축해 원금과 이자에 이자를 더하는 복리 효과를 누리는 종잣돈 만들기다.

예를 들어 A라는 사람이 매달 120만 원을 저축하겠다는 계획을 세웠다고 하자. 이 금액을 한 곳에 저축하거나 투자할 수 있다. 하지만 풍차돌리기는 일단 1년 단위로 쪼개 넣는다. 12개월로 쪼갤 경우 10만 원씩 12개의 통장에 저축할 수 있게 된다.

1월에 저축을 시작한다고 할 때, 1월에 1년 만기 통장을 하나 만든다. 물론 넣을 금액은 10만 원이다. 그리고 2월이 되면 1월에 개설한 통장에 10만 원을 붓고 또 다른 1년 만기의 통장을 하나 더 개설하여 10만 원을 저축한다. 이런 식으로 12월이 되면 1년 만기 10만 원씩 붓는 통장이 12개가 되고 저축 금액은 120만 원이 된다.

그렇게 1년이 지나면 첫 번째 개설한 통장의 만기가 돌아오는 것을 시작으로 매달 만기가 돌아온다. 그 만기된 금액과 이자에 원래 저축하고자 하는 10만 원을 더 보태서 다시 풍차돌리기를 시작하는 것이다. 그렇게 되면 매달 원금에 이자가 붙은 채로 다시 저축을 하게 되고 종잣돈이 모이게 된다. 저축하는 금액에 따라 다르지만 이렇게 풍차돌리기를 하다 보면 예금 이자에서 좀 더 이익을 볼 수 있다.

특히 1년간 풍차돌리기를 한 뒤 만기된 금액을 정기예금에 넣어 풍차돌리기를 계속할 수도 있지만, 적금이나 ELS(주가연계증권) 등에도 적용할 수 있다.

예금이든 적금이든 풍차돌리기를 하면 중간에 멈춰서는 안 된다. 중간에 목돈이 필요할 것 같다면 일반 적금보다는 적금 풍차돌리기를 하여 매달 만기가 돌아오는 상품을 이용하면 된다. 풍차돌리기는 다달이 돈을 분산하여 저축하는 번거로움이 있지만, 저축 습관을 들이고 매달 만기의 기쁨을 누릴 수 있도록 해 준다. 또한, 여러 은행에 통장을 개설하면서 은행별로 신용 등급도 올라가는 효과까지 누릴 수 있다.

물론 유의할 점도 있다. 시중 금리가 계속 낮아진다면 오히려 불리할 수도 있다. 장기 상품에 묶어 두는 것이 나을 수도 있기에 잘 따져봐야 한다. 풍차돌리기의 복리 효과를 누리기 위해서는 적어도 3~5년간 정도 굴려야 한다. 또한, 만기로 돌아오는 예금액은 다시 투자해야 한다.

풍차돌리기는 개인의 재무 상황에 따라 다를 수 있다. 따라서 적절한 금액을 설정한다. 매달 저축할 필요 없이 2개월 간격으로 6개의 통장을 만들 수도 있고 분기별로 4개를 만들 수도 있다.

chapter 04

은퇴가 두렵지 않은
경제틀 짜기

 "신통아 방통아, 너희는 꿈이 뭐
니?"

"음… 난 내 집 마련!"

"그럼 난 노후 대책!"

TV 드라마에서 나오는 아이들의 대화를 들으며 영희네 가족은 모
두 와르르 웃었다. 아직 초등학교도 가기 전의 어린아이들이 나누는
조숙한 대화 때문이다.

"쟤네, 대박이야. 어떻게 애들 꿈이 내 집 마련에 노후 대책일 수
가 있지?"

"그러게, 완전 웃기지? 푸하하"

드라마에 푹 빠진 아들 세진이와 주미가 한창 수다를 떨었다. 드

라마 속 아이들의 엄마는 한 푼이라도 아껴 쓰려는 자린고비형 엄마다. 그런 엄마를 보고 자랐기 때문일까. 아이들의 꿈이 엄마의 간절한 바람이 되어 내 집 마련과 노후 대책이 되었다는 드라마의 현실, 영희는 웃기면서도 씁쓸했다.

"아, 난 왠지 요즘 애들 말로 웃프다."

그러자 남편이 맞장구를 쳤다.

"맞아, 나도 그래. 남 얘기가 아니다, 아니야. 내 집 마련이야 그렇다 치고 노후 대책… 정말 막막하다, 막막해."

씁쓸한 마음을 감추지 못하던 남편 정도는 스마트폰으로 다른 프로그램을 보기 시작했다. 남편이 보는 프로그램은 지금 은퇴 시기를 맞고 있는 우리나라 베이비붐 세대의 노후 대책에 관한 다큐멘터리였다. 자녀들 교육시키랴, 부모 공양하랴, 산업 전선에서 바쁘게 뛰랴 노후에 대한 준비를 거의 하지 못한 베이비붐 세대들의 갑갑한 현실이 화면을 통해 나왔다.

올해로 57세 은퇴를 맞은 한 남성은 노후 자금으로 다세대 주택을 구입했지만 대출금 이자를 갚느라 허리가 휠 지경이고, 재취업을 위해 이력서를 천 장도 넘게 썼지만 취업은 엄두도 내지 못하고 있었다. 어떤 사람은 은퇴 스트레스로 인한 우울증으로 크게 고통 받고 있었다.

화면 속에 나오는 이들은 하나같이 가난한 노후로 극심한 스트레스를 받고 있었다. 아직도 빚에 허덕이며 살아가고 그것을 갚을 능력이 못 되는 현실에 자살 충동까지 느낀다는 인터뷰는 기억에 또렷하게 남았다.

심각하게 화면을 보고 있던 남편 정도가 이렇게 중얼거렸다.

"맞다. 우리 길 부장님 잘살고 계실까?"

"길 부장님? 아… 얼마 전에 퇴직하셨다는 그분? 그분이 왜?"

"예상보다 일찍 퇴직하시게 된 거거든. 떠밀리다시피 나가게 되신 거지. 근데 그때 아들 대학 학자금 갚는 중이라 죽을 지경이라고 그러셨는데. 퇴직금도 미리 쓰셨다고 했고…. 잘 살고 계시나?"

정도는 생각 난 김에 전화라도 한 통 드린다고 예전의 상사에게 전화를 걸었다. 방에 들어간 정도는 한참 통화를 하고는 심각한 표정으로 거실로 나왔다.

"왜? 사정이 안 좋으셔?"

"응. 지금 일용직 근로하신대. 학자금 대출 갚으려면 수입이 있어야 하는데 취직 자리도 마땅히 없으시니 당장 할 수 있는 일이 일용직 근로였겠지. 부장님이 그런 일 하실 분이 아닌데…. 돈이 문제구나! 그나저나 은퇴 후에도 2, 30년은 넘게 살아야 하는데…. 우리 뭐 먹고 살지? 별로 해 놓은 것도 없는데 일할 수 있는 시간은 점점 줄어들고…."

영희 역시 이 갑갑한 현실에 뾰족한 답이 떠오르지 않았다.

❖ ❖ ❖

'마처 세대'는 부모님을 모시는 마지막 세대이자 자식으로부터 아무런 도움을 기대하지 못하는 처음 세대라는 뜻이라고 한다. 조금 심각한 얘기를 하자면 인생에서 가장 행복감이 낮은 시기가 40대라고 한다. 부모와 자식 부양에 부담감을 느끼는 동시에 노후에 대한 불안감에 시달리며 몸담은 분야에서 차츰 한계를 느끼기 때문이란다.

통계청에서 2011년 조사한 바에 의하면 노후 준비에 가장 예민하고, 노후를 준비해야 한다고 느끼는 것도 40대라고 한다. 이는 40대가 느끼는 중압감 때문이 아닐까. 이들은 부모에 대한 책임감, 자식의 교육과 양육에 대한 의무, 그리고 본인의 자아실현을 위해 최선을 다했지만 자기 힘으로는 어찌 할 수 없는 한계를 느낀다.

100세 시대를 살고 있는 오늘날, 노후 준비는 선택이 아닌 필수가 되었다. 그런데도 준비는 턱없이 부족하다. 산업은행이 2012년 10월 서울 국제 시니어 엑스포에 참가한 50대 이상 877명을 대상으로 실시한 노후 준비 관련 설문 결과에 따르면 절반 가까이(45%)가 노후 준비가 부족하다고 답했다. 노후 준비를 제대로 하지 못한 이유로는 '자녀 교육비 및 양육비'(43%)를 가장 많이 꼽았다. 그 뒤는 주택 마련 자금 부담(23%), 퇴직 자금 운용 손실(19%), 자동차 등 소비 지출 (15%) 등의 순으로 꼽았다.

노후 생활비는 어떻게 준비할까? 인생 100세 시대에는 평생 월급이 필요하다. 평생 월급이란 은퇴 후 남은 기간 동안 월급처럼 매달 나오는 연금 소득을 말한다. 평생 월급은 국민연금, 퇴직연금, 개인 연금으로 준비해야 한다. 2013년 4월 기준 국민연금 부부 수급자는 약 19만 쌍으로 부부 합산 최고 연금액은 월 238만 원이다. 인생 100세 시대는 노후 자금 몇 억 원보다는 국민연금, 퇴직연금, 개인연금으로 최저 생계비 94만 원 정도를 받을 수 있도록 만드는 것이 중요하다. 적절한 준비를 하지 못했다면 살고 있는 집을 금융 기관에 맡겨 생활비를 받아 쓰는 주택연금도 고려해 본다.

그러면 은퇴 이후 노후 생활비는 얼마나 필요할까?

국민연금연구원 패널 조사(2009)에 따르면 부부가 노후를 보내는 데 필요한 월 생활비는, 특별한 질병 등이 없는 건강한 노년임을 전제했을 때 최소 121만 5,000원, 적정 수준은 174만 6,000원인 것으로 조사됐다(표 참조). 2010년 현재 2인 가구 최저생계비가 97만

■ 월 평균 노후 생활비 수준

생활 수준	부부		개인	
	최소 노후 생활비	적정 노후 생활비	최소 노후 생활비	적정 노후 생활비
전체	121만 5,000원	174만 6,000원	76만 3,000원	112만 원
서울	151만 6,000원	217만 5,000원	95만 6,000원	140만 6,000원
광역시	124만 7,000원	177만 원	77만 3,000원	113만 6,000원
도단위	109만 7,000원	158만 7,000원	69만 2,000원	101만 3,000원

4,000원인 것을 감안하면 이 조사 결과는 설득력이 있다고 할 수 있다.

월평균 노후 생활비를 가지고 라이프 스타일별로 계산해 보았다 (아래 표 참조). 부부 2인 기준인 최소 생활비 월 120만 원으로는 기본적인 의식주 해결 정도만 가능하다. 이보다 조금 넉넉한 175만 원의 노후 생활비로는 국내 여행과 외식 한 번 정도가 더 가능할 뿐, 그리

■ 노후 라이프 스타일별 노후 생활비

생활 수준	기본 노후 생활	적정 수준의 노후 생활	풍요로운 노후 생활	비고
기본 생활 비용	월 100만 원	월 110만 원	월 150만 원	보험료, 각종 공과금, 세금 포함
취미, 운동	월 5만 원(등산,기타)	월 17만 원(등산,수영)	월 40만 원(골프)	
헬스클럽 회비			300만 원×2인/년	
차량 유지비	12만 원	월 20만 원	월 40만 원	
경조사 등 모임 비용	월 1회 5만 원	월 2회 10만 원	월 3회 15만원	
외식비		월 1회 10만 원	월 2회 20만 원	
여행비 (해외/국내)		100만 원(국내)/년	500만 원(해외)/년 200만 원(국내)/년	
월 생활비	월 122만 원	월 175만 3,000원	월 348만 2,000원	
총 필요 자금	약 3억 7천만 원	약 5억 3천만 원	약 10억 5천만 원	

*상기 총 필요 자금은 노후 생활 기간을 25년으로 가정하여 단순하게 계산함.

여유 있는 생활은 아니다. 취미 생활도 즐기면서 해외여행과 국내 여행을 하는 등 풍요로운 노후 생활을 위해서는 월 300만 원 이상이 필요하다. 20~30년 후에 필요한 노후 자금이기에 물가상승률까지 감안하면 노후 준비는 결코 만만치 않다.

실제로 재무 상담을 받는 이들의 상당 부분이 노후 자금 마련으로 고민하고 있다. 이미 문제의 심각성을 인식하고 있기에 하루라도 빨리 은퇴를 준비해야 한다. 먼저 은퇴를 준비하는 요소는 네 가지로 구분할 수 있다.

1. 생활비: 연금

은퇴 자금은 반드시 부부가 함께 준비해야 한다. 대부분의 은퇴 자금은 남편과 부인이 같이 살아 있는 기간에 집중돼 있다. 그러나 실제로는 남편이 사망하고 홀로 사는 부인이 많다. 실제 우리나라 여성은 남편 사망 후 10년 가까운 시간을 홀로 산다고 한다. 혼자 사는 기간에 대한 대책을 마련해야 한다. 여성의 평균 수명이 길기 때문에 여성이 먼저 국민연금에 가입하고 더 많은 연금을 준비하는 것이 좋다. 그리고 은퇴 이전에 부채는 최대한 많이 정리해야 한다.

또한 자녀도 부채일 수 있다. 자녀에 대한 과도한 투자는 나중에 돌려받을 수도, 장부에 적어 둘 수도 없다. 은퇴 이후에 수입이 없는 상태에서 이자 비용을 계속 부담하면 경제적인 어려움이 지속된다. 부채를 정리하지 않으면 은퇴 후 30~40년이나 되는 긴 시간 동안 빈곤으로 인해 어려움에 처하게 될 것이기 때문이다.

2. 의료비: 보험 & 긴급 예비 자금

노후 준비에 있어 의료 보장은 필수적이다. 나이가 들수록 의료비 지출이 많아지기 때문에 의료 보장이 중요하다. 건강한 노후를 위해서 젊었을 때부터 자신에게 적합한 운동으로 건강을 꾸준히 유지해야 할 것이다. 정기적으로 건강검진을 받고 가족력 있는 질병이 있다면 관련 보험으로 대비해야 한다. 보험도 건강해야 가입할 수 있다. 꾸준한 건강 관리는 은퇴 후 생활을 위해 반드시 필요한 요소다. 은퇴 이전에 보험 보장이 긴 상품으로 변경하거나 새로운 상품에 가입하는 것이 좋다.

3. 예비비 & 장기 간병 자금: 예비 자금

은퇴 이후의 삶은 크게 3단계로 나뉜다. 여행과 여가를 위해 왕성한 활동과 소비 지출을 보이는 활동적 시기, 인생의 의미를 되돌아보는 회상기, 노화의 급격한 진행으로 누군가의 간호를 필요로 하는 간호기다. 2008년 7월부터 노인장기요양보험이 시행되고 있으나, 개인에게 발생할 수 있는 여러 위험 요소를 모두 반영하지 못하고 있다. 따라서 개인적 차원에서 노후 의료비를 마련해야 한다.

4. 보람되고 좋아하는 일: 은퇴는 제2의 인생 시작

가장 확실한 노후 대비는 평생 현역이다. 본인이 좋아하고 잘할 수 있는 일을 찾아서 제2의 인생을 살도록 준비해야 한다. 은퇴 이후에도 본인이 할 수 있는 일이 존재한다면 건강을 유지하면서 활기

차게 생활할 수 있다.

노후에도 재무가 차지하는 비중은 여전히 크다. 국민연금만으로 노후를 의지하기에는 불안하다. 노령 인구가 급속히 증가하고 있는 현상 속에서 국민들에 대한 최소한의 사회보장제도가 잘 유지되기 위해서는 우리 스스로가 이에 대해 자세하고 정확히 알고 관심을 가져야 한다. 우선 전 국민의 관심사인 국민연금에 대해 생각해 볼 필요가 있다. 국민연금의 경우, 납부 기간이 10년 이상이어야 연금을 수급할 수 있다. 연령에 따라 수급 시기가 다르다.

■노령 연금 지급 시기

출생 연도	시행 연도	개시 연령
1953년~1956년	2014년 이후	61세
1957년~1960년	2019년 이후	62세
1961년~1964년	2024년 이후	63세
1965년~1968년	2029년 이후	64세
1969년~	2034년 이후	65세

아울러, 조기노령연금이라 해서 소득이 없고, 가입 기간이 10년 이상인 60세에 달하면 정상적인 연령 수급 시기보다 5년 일찍 연금을 받을 수 있다. 일찍 받는 만큼 정상 수령 금액보다 1년 단위로 6%씩 감액이 된다.

예를 들어, 1968년생인 남성이 5년 일찍 조기노령연금을 신청할 경우, 30%(6%×5년)를 감액해서 받는다고 보면 된다. 또한, 연기연금을 신청해서 정상 수급 시기보다 최장 5년 동안 연금을 연기해서 받을 수도 있다. 늦게 받는 만큼 정상 수급 금액보다 1년 단위로 7.2%씩 가산해서 받을 수 있다.

1968년생 남성이 수급 시기를 5년 늦추는 경우, 70세부터 받을 수 있는데 36%(7.2%×5년)를 증액되어 받게 된다. 또는 60세에 달했지만, 보험료 납부 기간이 10년 미만이라면 신청을 통해 그동안 납부한 보험료를 일시금으로 받을 수 있다.

국민연금을 얼마씩 내고 노후에 노령연금을 얼마나 받을 수 있을지는 국민연금 홈페이지(www.nps.or.kr)에 접속해 알아볼 수 있다. 공인인증서 등으로 본인임을 확인하면 미래에 자신이 받게 되는 연금액을 산출할 수 있다.

주인공 마영희·이정도 부부가 노후에 필요한 생활비 중 국민연금은 어느 정도를 보장해 줄 수 있을까? 국민연금에 30년간 납부했다고 가정하면 64세부터 받게 되는 연금 수령 예상액은 현재 가치 월 93만 원이다. 마영희도 국민연금에 임의가입해서 최소 금액인 8만 9,100원씩 18년간 납부했다고 가정하면 65세부터 현재 가치 월 27만 원을 받게 된다. 두 사람의 국민연금을 합치면 월 120만 원 정도다. 주인공 부부의 은퇴 이후 노후 자금 목표는 현재 가치 월 300만 원이다. 그들의 목표에 맞는 은퇴 자금을 마련하기 위해서 어느 정도의 노력이 있어야 할까.

은퇴 이후의 노후 자금을 준비할 때는 현금 흐름을 기대 여명이 다

할 때까지 끊기지 않도록 만들어 나가는 것이 중요하다. 현재의 수입이 언제까지 이어질지 객관적으로 생각해 보고, 그 이후를 은퇴시기로 정하는 것이 바람직하다. 은퇴 시점에 매월 어느 정도의 생활비가 필요할지 기대 여명과 물가상승률을 감안한 총 필요 자금 규모를 산출해 본다. 그리고 현재 은퇴를 위한 준비 자산을 차감한 순 부족 자금을 산출해 본다.

국민연금과 퇴직연금, 개인연금을 포함하여 주인공 이정도가 퇴직 이후 받을 연금은 210만 원 정도다. 퇴직연금, 개인연금은 60세부터 받지만, 국민연금은 64세부터 수령할 수 있다. 영희가 65세가 되는 시점에 국민연금을 더 받게 된다는 조건을 감안해 계산하면 240여만 원의 연금이 나온다. 이들 가정이 목표로 한 월 300만 원에서 60만 원 정도가 부족하다. 그 부족한 자금을 어떻게 마련해야 할까?

이 가정의 경우, 만 60세 이상이 되면 소유 주택을 담보로 평생 연금을 수령하는 주택연금도 이용할 수 있다. 확정 기간형 주택연금은 노후 소득과 지출 계획에 따라 월 지급금 기간을 선택할 수 있다. 10년에서 30년 사이에서 5년 단위로 기간을 정할 수 있다. 지급 기간이 짧을수록 월 지급금이 늘어난다.

예를 들어 부부 중 연소자 연령이 만 65세이며 주택 가격 3억 원·정액형의 경우 인출 한도를 5%로 설정하면, 월 78만 7,540원을 받지만 10년 확정 기간형은 월 141만 4,400원, 15년형은 106만 8,230원을 수령하게 된다.

■ 종신형 vs 확정 기간형 월 지급금 비교(주택 가격 3억 원 정액형 기준)

연소자	기존	신규(확정 기간형)				
연령	종신형	10년	15년	20년	25년	30년
55세	55만 3,141원			69만 8,660원 − 26%	62만 7,160원 − 13%	58만 3,560원 − 6%
60세	65만 7,320원		94만 2,120원 − 43%	79만 6,050원 − 21%	71만 3,470원 − 9%	
65세	78만 7,540원	141만 4,400원 − 80%	106만 8,230원 − 6%	90만 1,910원 − 15%		
70세	95만 6,200원	159만 8,050원 − 67%	120만 6,700원 − 26%			

(주택금융공사 자료)

　지급 기간이 종료된 후에도 부부 모두 사망 시끼지 소유 주택에서 거주할 수 있어 주거 안정을 보장받을 수 있다. 다만, 노후 생활 안정을 도모하고 월 지급금 인상 효과를 높이기 위해 '확정 기간형 주택연금'에 가입할 수 있는 연령과 연령별로 선택 가능한 지급 기간이 제한된다. 부부 중 연소자 기준(주택 소유자는 만 60세 이상)으로 10년형은 만 65~74세, 15년형은 만 60~74세, 20년형은 만 55~68세, 만 25년형은 55~63세, 30년형은 만 55~57세에 해당해야 가입이 가능하다.

주택연금을 간단하게 정리하면 아래와 같다.

· 1가구 1주택 9억 이하의 주택을 담보로 해서 그 가치에 해당하는 금액을 평생동안 나누어 받는다.
· 60세 이상의 배우자가 있을 경우 가입할 수 있고 주택 금액에 따라 연금액이 달라진다.
· 실거래가보다 낮게 책정되고 사후에는 주택의 권리가 사라진다는 것이 단점이다.
· 초기 계약할 때 정한 가격과 지급액이 변동되지 않아 안정성이 있다.
· 집값이 많이 올라 계약을 파기하고 싶을 때는 받은 금액을 상환한 뒤 계약을 파기할 수 있는 것이 장점이다.
· 금융 기관에서 집값 하락에 대한 위험을 부담하기에 소비자에게 유리하다.

> – 이정도 국민연금 : 1998년 2월 가입, 은퇴 예상 나이 60세, 64세 연금 수령 가정.
> – 마영희 국민연금 임의 가입 : 2013년 12월 최저 90,000원 불입, 18년간 납입, 65세 연금 수령 가정.
> – 이정도 퇴직연금 : 2005년 가입, 15년간 불입 예상시 DB형 선택 약 1억 1,688만 원 가정.
> – 이정도 연금저축펀드 : 15년 불입, 7% 수익률 가정.
> – 주택연금 : 주택 가격 3억 정액형 선택 25년 수령 가정.
> – 투자용 빌라 임대 소득 : 월 50만 원 가정.

■ 이정도 · 마영희 부부의 은퇴 자금 마련 플랜

은퇴 자금	수령 금액		불입 기간	수령 나이	수령 기간	수익률
이정도 국민연금	93만 원		30년	64세	종신	
마영희 국민연금	27만 원		18년	65세	종신	
퇴직연금	94만 원		30년	65세	20년	5% 가정
연금저축펀드	25만 원		15년	65세	20년	7% 가정
주택연금		71만 원		65세	종신	정액형
임대소득		50만 원				
합계	239만 원	121만 원	시장 상황에 따라 변할 수 있음			
	360만 원					

*본 연금액은 이해를 돕기 위한 단순 모의 계산 예시임

왼쪽 표대로 이 부부가 은퇴를 위한 노력을 기울일 때 위쪽의 표와 같이 은퇴 자금을 마련할 수 있다.

행여 은퇴 자금이 충분치 않다고 절망할 필요는 없다. 목표액까지 도달하려면 많은 재무 조정 단계를 거쳐야 하지만, 지금부터라도 차근차근 계획을 세운다면 보다 나은 결과를 얻을 수 있다.

다만 주의해야 할 점은 노후에도 '쩐마인드'를 유지해야 한다는 것이다. 노후에는 생활비가 많이 줄 것이라고 생각하지만, 은퇴 전의 소비 패턴을 쉽게 바꾸지 못하기 때문에 생활비는 좀처럼 줄지 않는다. 은퇴 후에도 국민건강보험으로 노후에 발생하는 의료비를 감당하기에는 무리가 따른다. 특히 국민연금으로 어떻게든 노후 생활을 꾸려나갈 수 있을 것이라는 생각은 대단한 착각이다. 은퇴 생활을 위해 저축할 시간이 아직 많다고 생각하지만, 노후 준비 자금을 마련하기 위해 저축할 수 있는 시간은 그리 길지 않다. 그러므로 보다 오랜

시간 장기적인 안목으로 투자하는 지혜가 필요하다.

여기서 잠깐, 고령화 사회로 이미 진입했지만, 은퇴 노인들의 천국이라는 호주의 사례를 들어 보자. 호주는 슈퍼 에뉴에이션이라 불리는 '퇴직연금제도'가 마련되어 있다. 이 제도는 18세 이상 근로자들의 퇴직연금 가입과 납입을 강제적으로 실시하여 임금의 9%가량을 노후 자금으로 쓸 수 있게 미리 준비한 제도다. 일찍부터 준비하도록 한 퇴직연금제도 덕분에 호주 은퇴자들의 노후는 든든할 수밖에 없다고 한다.

실제 우리보다 먼저 고령화를 경험한 선진국은 노후 대책으로 3층 연금 구조를 강조하고 있다. 기본적인 생활을 할 수 있도록 하는 국민연금, 안정적 생활을 보장하는 퇴직연금, 여유를 즐기게 해 줄 개인연금, 이 3층 연금 구조로 은퇴 자금을 마련하라는 것이다.

우리의 경우는 선진국의 3층 연금 구조를 벤치마킹할 필요가 있다. 국민연금에 가입하지 않았다면 임의 가입을 하고, 직장을 다닌다면 퇴직연금제도를 적극 이용해야 한다.

2005년에 도입된 퇴직연금은 퇴직금을 한꺼번에 수령하는 대신 매달 연금식으로 받는 제도다. 확정 급여형(DB)과 확정 기여형(DC), 개인 퇴직 계좌(IRP)로 세 가지가 있다.

확정 급여형(DB:Defined Benefit)은 받을 돈이 확정되어 있다. 기존 퇴직금 제도와 유사하다. 기존 퇴직금 제도는 퇴직 직전의 급여 수준과 근무한 연수에 맞춰 퇴직금을 지급했다. 확정 급여형(DB)도 이런 방식이다. 다만, 사내 적립에서 사외 적립으로 바뀌고 수령 형태도 일시금이 아니라 연금 형태로 지급받는 것이 기존 퇴직금 제도와 다르다.

확정 기여형(DC:Defined Contribution)은 본인이 직접 퇴직금을 운용해 키우는 것이다. 근로자의 개인 퇴직 계좌(IRP)에 퇴직금이 적립되면 근로자가 책임을 지고 직접 운용한다. 따라서 어떻게 운용하느냐에 따라 퇴직금의 액수가 달라진다. 국가는 확정 기여형(DC) 연금의 위험성을 낮추기 위해 반기마다 1회 이상 운용 방법을 변경할 수 있도록 했다. 확정 기여형(DC)은 중도에 인출하거나 추가로 부담금을 더 납부할 수 있다. 개인연금과 합산해 연간 400만 원까지 소득공제를 받는다.

개인 퇴직 계좌(IRP:Individual Retirement Pension)는 자영업자의 퇴직 자금 준비 제도다. 개인이 퇴직을 대비해 가입하는 것이다. 개인 퇴직 계좌(IRP)는 연금 저축과 합산하여 연간 400만 원까지 소득공제를 받는다.

확정 급여형(DB)과 확정 기여형(DC) 중 어떤 것을 선택할지는 임금 상승률을 예측해 판단한다. 확정 기여형(DC)은 연도별 퇴직금과 운용 수익이 더해져 퇴직 급여를 정한다. 확정 급여형(DB)은 퇴직 시 평균 임금에 근속 연수가 곱해진다. 따라서 호봉수 임금 체계를 적용받거나 임금 인상이 높은 기업을 다니거나 장기 근속자라면 확정 급여형이 유리하다. 반대로 직장 이동이 잦고 임금 상승률이 정년에 가까울수록 낮아진다면 확정 기여형(DC)이 낫다.

■ 퇴직연금제도별 특징

구분	확정 급여형(DB)	확정 기여형(DC)
개념	근로자가 미래에 지급받을 급여 수준이 사전에 결정되어 있는 퇴직연금제도	사용자가 현재 부담해야 할 금액이 사전에 결정되어 있는 퇴직연금제도
비용 부담	사용자(기업)	사용자(기업)
부담금 수준	연금 수리로 산출	사용자(기업)
퇴직 급여액	퇴직금과 동일	운용 실적에 의존
적립금 운용 책임	사용자(기업)	근로자
중도 인출	불가능	법률에서 정한 경우에 한해 가능
다른 제도로의 이전 가능성	IRP로 이전 가능	새 직장의 DC 또는 IRP로 이전 가능
적합한 기업/ 근로자	· 호봉제 임금 체계 · 임금인상률이 높은 기업 · 장기 근속을 유도하는 기업	직장 이동이 많은 근로자

(출처 : 노동부)

국내 실정을 감안하면 노후 대비를 위해서 개인연금 준비는 필수다. 노후 생활비와 관련한 연금 상품은 되도록 15~20년 이상 준비해야 적은 원금으로 부담 없이 준비할 수 있다. 국민연금으로 지급되는 연금 급여는 퇴직 전에 받았던 소득에 40%밖에 안 된다. 또한, 퇴직연금제도로도 현실적으로 2억 원을 넘게 받기가 힘들다. 확정 급여형을 받는다고 할 때, 퇴직 당시 급여가 500만 원이고, 근속 연수가 30년이라고 해도 1억 5,000만 원에 불과하다. 이 돈으로만 노후를 준비하기에는 무리가 따를 수 있다. 노후에도 경제활동을 할 수 있도록 20~30대 젊은 시절부터 개인연금에 가입해 노후 준비를 해 두는 것이 좋다.

가입하면 바로 받는 '즉시연금'이라는 상품도 있다. 한꺼번에 목돈을 예치한 뒤, 곧바로 매달 연금을 받을 수 있는 금융 상품이다. 즉시연금은 목돈을 한 번에 넣어 두면 원리금을 합쳐 매달 일정한 금액을 내주도록 돼 있다. 따라서 별다른 수입 없이 퇴직금 등 모아 둔 돈으로 생활하는 퇴직자들에게 적절하다.

노후 자금은 지금 당장 필요한 재무 이벤트가 아니라는 점에서 잠시 숨을 고를 수 있다. 따라서 노후 자금을 위해서 장기 투자에 적합한 상품에 가입한다. 이때 비과세나 복리 등의 효과를 충분히 누릴 수 있는 상품을 선택하도록 한다.

먼저 은퇴기 예상되는 시점에 따라 목표 자금이 얼마나 필요한지 파악한다. 그러고 난 뒤 현재 불입 중인 국민연금이 어느 정도 준비되어 있는지 따져 본다. 대부분의 경우 부족 자금이 발생할 것이다. 그렇다면 부족한 자금이 얼마나 되는지 계산해 보고 은퇴 시점의 물가를 고려하여 필요 자금을 계산해 본다.

가령 2014년 1,000원의 가치가 물가상승률 3.25%로 감안할 때 15년 뒤 은퇴 시점에서는 1,600원의 가치가 될 수 있다. 그러므로 은퇴 시점에 100만 원이 필요하다면 지금 160여만 원을 목표로 마련해야 한다. 그러고 난 뒤 물가를 고려한 필요 자금에 가깝게 마련하기 위해 어떤 상품을 운용할 것인지 선택해야 한다.

개인연금 관련 상품을 선택할 때 주의해야 할 점들은 다음과 같다.

- 연금은 종신형을 선택한다.
- 부부 형으로 연금을 수령할 수 있어야 한다.
- 물가 상승 위험에 대한 헤지(금전 손실을 위한 대비책)가 가능해야 한다.
- 경험 생명표가 가입 시점에 적용되는지 확인해야 한다. 경험 생명표는 보험사에서 성별, 연령별, 직업별 등으로 세분화한 분류에 따라 질병, 재해, 상해와 사망사고에 대한 발생 확률을 나타낸 통계표다.
- 중도 인출이 자유롭고 납입금을 조정할 수 있는 유연성이 확보된 상품이어야 한다.
- 전 세계적으로 투자할 수 있는 상품이 유리하다.

노후 자금은 장기적인 안목으로 금융 상품을 선택하고 투자해야 한다. 국민연금에만 의존하다가는 낭패를 볼 수 있다는 점을 잊지 말자. 다양한 상품에 장기적으로 투자할 수 있는 마인드와 인내가 필요하다.

여기서 반드시 생각해야 할 것은 은퇴 생활비의 특성상 안정적인 현금 흐름을 만들어 낼 수 있는 자산으로 준비하는 것이다. 은퇴 현금 흐름을 안정적으로 이어줄 수 있는 최적의 조건은 매월 생활비의 80% 정도를 연금 소득으로 조달하는 것이다. 이 정도면 안정적으로 은퇴 생활을 할 수 있다.

chapter 05

마음이 든든해지는
포트폴리오

"팔순 축하합니다~ 팔순 축하합니다~."

올해로 팔순을 맞으신 시고모님을 축하하기 위해 온 가족이 모여 축하 노래를 불렀다. 시아버님의 형제가 9남매이다 보니 우애 좋은 형제분들과 그의 자손들의 손자들까지 뷔페 식당 100여 석이 순식간에 찼다.

그러던 중 반가운 얼굴을 보게 되었다. 넷째 고모님의 막내딸 정희다. 정희는 영희보다 훨씬 나이가 어렸지만 영희의 고등학교 후배였다. 학교를 같이 다니지는 않았지만 그래도 학연이란 게 참 끈끈한 것이 있었다.

"어서 와요, 정희 아가씨. 잘 지냈어요?"

"네, 언니! 제가 가족 모임에 좀 뜸했죠?"

"그러게요. 직장 생활 잘하고 있다는 소식은 들었어요. 고모님이 자랑 많이 하시던데요? 자식들 중에 제일 알부자라고요."

"아휴, 아니에요. 언니도 알다시피 우리 집 형편이 좀 그렇잖아요. 대학 때도 제가 아르바이트 뛰어가며 등록금 마련하다 보니 돈에 대해 좀 일찍 틔었다고 할까요?"

"호호. 그래서 아직 시집도 안 간 처녀 아가씨께서 얼마나 모으셨어요?"

"아휴. 얼마 안 돼요. 직장 생활한 지 7년밖에 안 됐잖아요. 기간이 좀 길어져야 돈이 돈을 버는 구조가 되는데 아직 그렇게는 안 돼요. 그냥 쪼금 번 정도예요."

알 듯 말 듯 말해 주지 않자 영희는 더욱 궁금해졌다. 과연 7년간 직장 생활을 하면서 모아 놓은 자금은 얼마나 될까.

바로 그때, 넷째 고모가 영희 있는 자리로 옮겨 오시더니 그들의 대화에 끼어들며 대답했다.

"우리 정희가 벌써 1억이나 모았대. 대학 다니는 동안 등록금 때문에 고생도 했는데 직장 잡은 뒤로 누구보다 알뜰하게 돈을 쓰더라고. 남은 학자금 대출도 갚으면서 언제 또 돈을 굴렸는지 직장 생활 3년 만에 빚 다 갚고 한 달에 용돈 20만 원 쓰면서 모두 적금 같은 거 들면서 생활했어. 그러더니 지난번에 1억 벌었다고 하는 거야. 조카 며느님, 우리 딸 정말 대단하지?"

"네. 정말 대단하네요. 고모님은 정말 딸 하나 잘 두셨어요."

"아휴, 아니에요. 이것 가지고 뭘요. 저는 10억 버는 게 목표예요.

아직 9억이 남았어요. 10억 벌면 장학 기금 재단 마련할 거예요. 저처럼 어렵게 공부하는 학생들한테 도움을 주고 싶거든요."

영희는 그 순간 한참 후배인 정희 아가씨가 위대해 보였다. 한창 외모나 이성 등에 관심을 쏟을 시기라 돈 관리에는 소홀하기 쉬울 텐데도 그 큰돈을 모으다니. 게다가 더 큰 목표를 향해 열심히 일하고 있다는 똑소리 나는 아가씨가 너무 대단해 보였다. 영희 역시 새롭게 재무 솔루션을 통해서 조금씩 실천해 나가고 있지만 왠지 10년이나 늦게 출발한 것 같아 씁쓸해졌다. 팔순 잔치를 마치고 나오는 길, 영희는 정희 아가씨 팔을 몰래 잡아끌며 물었다.

"정희 아가씨~ 나도 1억 벌고 싶다! 아가씨만의 비법 좀 공유해요!"

이제 마영희도 돈에 대해 둔감한 예전의 그 마영희가 아니었다.

이제 주인공 마영희 · 이정도 부부의 수정된 재무 솔루션을 소개하고자 한다.

우선 몇 개의 금융 상품을 정리한 자금으로 긴급 예비 자금과 출산 예비비로 얼마간 예치해 놓았다. 그리고 투자로 구입한 빌라는 월세로 전환하여 월 소득을 높이고 고정 · 비정기 지출을 조정해 잉여금 252만 원을 만들었다.

이제 그 잉여 자금에서 대출 상환을 위한 자금(이 가정의 경우 90만 원, 고정 지출에 포함)을 제외하고 비정기 지출 명목으로 50만 원씩 예치한다. 그렇다면 비정기 지출은 긴급 자금으로 미리 예치해 둔 500만 원에 매달 50만 원씩 적립되어 사용하게 될 것이다. 그러고 난 뒤 월 잉여금 112만 원은 재무 목표에 맞는 포트폴리오를 구성했다.

월 잉여금 112만 원을 어떻게 배분해 투자하면 좋을까?

1~3년 이내에 필요한 단기 자금을 마련하기 위해 23만 원 정도를 배분한다. 이 자금은 우선적으로 주인공 가정의 자동차 구입 등 단기적으로 가장 필요한 재무 이벤트에 사용될 수 있다. 단기 자금을 마련하는 적금 가입은 신협과 같은 조합금융기관을 선택하는 것이 유리하다. 조합원으로 가입하면 예탁금 1인당 3,000만 원까지 저율 과세(이자의 1.4%)가 되는 적금에 가입할 수 있다.

■ 이정도 · 마영희 부부의 잉여금 운용

소득	급여	월 급여	550만 원	600만 원
	임대 소득	빌라 월세	50만 원	
지출	급여 통장	고정 지출(대출 비용)	90만 원	488만 원
		고정(보험료)	35만 원	
	생활비 통장	각종 생활비	313만 원	
	비정기 통장	비정기지출용	50만 원	
월 잉여금				112만 원
저축 (잉여금 운용)	단기 자금	적금	23만 원 – 비과세(1.4% 농특세)	23만 원
	중기 자금	펀드(자녀 교육)	45만 원 – 세진 주미	45만 원
	장기 자금	자녀 독립 자금 은퇴 자금	15만 원 – 늦둥이 20만 원 – 이정도 소득공제 9만 원 – 마영희 국민연금	44만 원

5년 이후의 필요한 교육 자금 등 중기 자금을 위해 45만 원을 배분한다. 이때 45만 원은 적립식 펀드로 운용하며 국내 70%, 해외 30%로 분산 투자하는 것이 좋다. 현재 금융 환경을 고려할 때 5년 전후를 목표로 하는 분산 투자를 한다면 안정적인 수익을 기대할 수 있다. 이를 위해 수익성이 보장되면서 공격적인 적립식 펀드와 같은 상품으로 구성하는 것도 좋다.

장기 자금인 자녀들의 독립 자금 마련과 자녀 교육을 위한 목돈 마련, 은퇴 자금 목적에 투자할 수 있는 44만 원은 역시 안정성과 수익성, 그리고 유동성을 갖춘 상품에 배분한다. 일단 늦둥이 명의로 15만 원을 배분하여 보험사 어린이 변액유니버셜에 가입한다. 교육 자금과 독립 자금 명목이다. 교육비는 초 · 중 · 고, 대학까지 최소 16년 이상 장기적으로 투입해야 하므로 교육비를 준비하기 위해서는 교육비 상승률 이상의 기대 수익을 갖는 상품에 투자해야 한다.

변액보험은 펀드를 변경할 수 있다. 시장 상황에 따라 펀드를 변경하면 안전하게 대처할 수가 있다. 10년 이상 투자하면 비과세 혜택도 있다. 어린이 변액유니버셜은 자녀 나이 26세가 되면 계약자와 피보험자를 바꿀 수 있어서 자녀에게 평생 비과세 통장으로 물려줄 수 있다는 장점이 있다. 그러나 사업비가 높다는 단점이 있다. 초반에 높은 사업비를 차감하게 되는데 추가 납입을 하면 유리하다. 갑자기 돈이 필요하다면 해지 환급금 범위 안에서 중도에 인출도 할 수 있다.

어린이 변액유니버셜 보험은 15년 정도 유지해야 수익이 난다. 따라서 자녀들이 어릴 때 준비하는 것이 현명하다. 자녀들이 성인이 되어 직장 생활을 할 때 비과세 저축성 통장으로 활용해도 좋다. 자녀가 이미 초등학교 고학년이라면 교육 자금은 적립식 펀드로 준비하고, 독립 자금은 시간적인 여유가 있으므로 장기 투자에 유리한 상품을 고르도록 한다.

은퇴 자금 준비 역시 선택이 아닌 필수다. 이 가정의 경우 국민연금과 퇴직연금을 제외하고 노후 자금을 마련할 생각을 가계의 마이너스 때문에 전혀 못 했다. 적은 금액이라도 시작해야 한다. 원래 갖고 있던 보험사의 소득공제용 연금저축은 증권사의 연금펀드로 이전한다. 장기 투자는 공격적인 펀드로 운용하여 기대 수익률을 높이는 것이 좋다.

연금저축 보험은 초기에 사업비, 위험 보험료 등으로 차감하는 비용이 많고, 보험사의 공시이율도 낮아 물가상승률을 반영하지 못한다. 따라서 자산 증식 속도가 늦다. 이에 반해 연금펀드는 물가상승률에 대한 헤지가 가능하다. 연금저축은 장기 투자 상품이기 때문에 차후에 원금이 보장되는 신탁이나 보험으로 다시 전환할 수도 있다. 다음은 연금저축 상품의 특징이다.

■ 연금저축 상품별 특징

구분	연금저축신탁	연금저축펀드	연금저축보험
판매사	은행	증권사	보험사
수익률	실적 배당	실적 배당	공시 이율
운용	안전 자산 위주 투자, 낮은 기대 수익률	공격적 운용, 비교적 높은 투자 위험	안정적 운용, 낮은 기대 수익률
종류	안정형:90% 채권, 10% 주식 채권형:100% 채권	주식형:주식 비중 60% 이상 혼합형:주식 비중 60% 미만 채권형:채권 100%	공시이율형
비고	원금 보전, 예금자 보호	고수익 추구 가능	종신연금 수령 가능

최근 세법이 개정되면서 절세 혜택에 노후까지 대비한 상품이 나오고 있다. '신 연금저축'이 대표적이다. 기존 연금저축이 근로자 소득공제용 상품이었다면, 신 연금저축은 누구나 가입할 수 있는 절세 상품으로 추가적인 장점이 있다. 신 연금저축은 의무 납입 기간을 기존 10년에서 절반인 5년까지 단축했다. 또한 연간 1,800만 원까지 낼 수 있다. 평소 저축을 하지 않던 사람도 상여금이나 목돈이 생겼을 때 한꺼번에 납입해 소득공제 한도를 채울 수 있어 절세 효과도 있다. 은행과 보험, 증권 등 금융 회사별로 상품 종류에 따라 원금 보장 여부나 수익률이 다르니 자신에게 적합한지 따져 보아야 한다.

기존 연금저축과 신 연금저축 계좌의 다른 점은 아래와 같다.

■ 연금저축 VS 신 연금저축 비교

	연금저축	신 연금저축
가입 대상	만 18세 이상	제한 없음
소득공제 한도	400만 원	400만 원(연간 불입액 12% 세율 공제)
의무 납입 기간	10년	5년
연간 납입 한도	1,200만 원(분기당 300만 원)	1,800만 원(분기 한도 없음)
연금 수령 기간	55세 이후 5년 이상	55세 이후 10년 이상
연금 소득세	5.5%(일괄)	3.3~5.5%(차등 적용) • 55~69세 : 5.5% • 70~79세 : 4.4% • 80세~ : 3.3%
종합소득세 기준	공적 및 사적연금 소득액 600만 원 이상	사적연금 소득액 1,200만 원 이상 공적연금 제외
중도 인출	불가	가입자의 수령 개시 이후 가능
상속	불가	배우자 가능

주인공 가정은 월 112만 원의 잉여금을 다음과 같은 포트폴리오로 배분해 중·단·장기 자금을 마련할 수 있는지 알아보자.

■ 이정도 마영희 부부의 목적별 자산 배분: 월 잉여 자금 112만 원

기간		월 저축 금액	필요 기간	만기시 수령 금액	수익률	잉여금 대비 저축 비율
단기 자금		23만 원	5년 이내	940만 원	3%	22%
중기 자금		45만 원	5년 이후	3,200만 원	7%	40%
은퇴 자금	연금저축(펀드)	20만 원	15년 이후	6,250만 원	7%	18%
	국민연금 임의가입	9만원	15년 이후	1,620만 원	원금	6%
자녀 교육, 독립 자금		15만 원	19년 이후	5,600만 원	5%	14%
합계		112만 원				100%

위의 포트폴리오대로 실행한다고 해도 이 가정이 목표 시점에 필요한 자금을 다 모을 수는 없다. 특히 자녀 교육비로 사용될 중기 자금은 목표했던 금액에 미치지 못한다. 그러나 재무 설계는 실천하는 정도에 따라, 목표 시점에서의 상황에 따라 얼마든지 가변적이다. 재무 설계는 한 번의 상담으로 끝나는 것이 아니다. 계속해서 담당 금융 주치의를 만나 리뷰하고 목표에 도달할 수 있도록 점검하고 관리해야 하는 것이다.

잉여 자금이 거의 없이 재무 설계를 한 고객이 있었다. 저축할 여력이 없었음에도 다달이 5만 원씩, 조금 더 지나서는 10만 원씩 저축해 신용 불량에서 벗어났고 저축과 투자를 이어가고 있다. 무엇보다 재무 목표를 달성해 나가는 성취감을 느낀다는 점에서 유익했다고 말했다. 또 꿈도 없이 하루하루 의미 없이 살았는데 이제는 인생

의 꿈도 함께 성장하고 있다고 한다.

다음은 마영희 가정의 실행 조정안이다.

■ 이정도 마영희 부부의 실행 조정안

항목	목적	내용	금융 상품명	납입 금액	가입 기간
예비비	비상 예비 자금	비상 자금 용도 비정기 지출 통장	CMA 통장 CMA 통장	500만 원/일시 50만 원	1일 수시
보험	위험 대비	매달 수입의 30% 적립	정기보험, 실손의료+ 운전자보험(이정도) 실손의료보험(마영희) 실손의료보험(세진) 실손의료보험(주미) 실손의료보험(힘찬이)	16만 3,000원 7만 2,000원 3만 9,000원 3만 3,000원 4만 3,000원	100세 만기 100세 만기 30세 만기 30세 만기 100세 만기
교육	자녀 교육 기금	교육 자금 마련 (4개로 분산)	주식형 펀드	45만 원	3년 이상
투자	단기 자금 독립 자금	단기 목돈 마련 자녀 독립 자금	정기적금 주식형 펀드	23만 원 15만 원	1년 단위 15년 이상
노후	국민연금 퇴직연금 기타 예비비	강제 저축 강제 저축 임의 가입 소득공제	국민연금(회사/ 이정도) 퇴직연금(회사) 국민 연금(마영희) 종신형연금	9만 원 20만 원	15년 15년

이렇게 짰을 때 이들 가정이 재무 이벤트 목표액에 100% 도달할 수 있다는 보장은 없다. 그러나 어느 정도 준비된 재무 구조는 갖추게 되었다. 마영희 가정이 재무 목표에 맞춰 산다고 가정할 때, 그때 그때 발생하는 재무 이벤트를 대비할 수 있을 것이다. 재무 이벤트

가 다가오는 시점에서 어느 정도 자금이 준비된 것과 아무것도 없는 것은 완전히 다르다. 미래는 준비된 사람에게만 장밋빛을 선사해 준다는 것을 잊지 말자.

chapter 06

돈 되는
재무 구조를 상속하라

 "야! 그게 왜 네 거냐? 원래 아들한

테 주는 거야."

"촌스럽긴…. 요즘 아들딸이 어디 있어? 내가 나중에 더 효도할 거

거든? 그러니 내 거야."

"이주미, 생각해 봐라. 내가 너보다 나이도 더 많고 한 가정의 가

장으로서 집은 더 필요하지 않겠냐? 그리고 넌 가수된다며? 돈 많이

벌어서 더 좋은 집 사면 되겠네."

오랜만에 네 식구 모두 산책하기 위해 모였는데 두 아이가 투닥거

렸다. 처음엔 자기들끼리 뭔가 의견 차이가 났나 보다 했는데 가만

들어 보니 낌새가 이상했다. 남편 이정도가 끼어들었다.

"뭐 때문에 그러는 거야? 뭘 가지고 내 거니 니 거니 하는 거야?"

"아빠…. 할머니네 집 근처에 있는 빌라 말이에요. 그거 나중에 우리한테 물려주실 거잖아요. 그럼 당연히 아들한테 주시는 거 아니에요?"

"아빠, 딸한테 줄 거지?"

영희는 아이들의 물음에 무척 당황스러웠다. 이 아이들이 빌라의 존재에 대해 알고는 있었지만, 그것을 유산으로 받을 생각을 하고 있었다니. 당황스러운 건 정도도 마찬가지였다. 딱히 뭐라고 할 말이 떠오르지 않았다. 그 빌라, 가정경제에 적신호가 켜지기 시작하는데 지대한 역할을 했다가 다달이 월세를 받으면서 효자가 되기도 했다. 그런데 이제는 까딱 잘못하면 우애에 금이 가게 만드는 애물단지가 될 판이었다.

정도가 정색을 하며 입을 열었다.

"이 녀석들, 너희가 무슨 권리로 그 빌라를 달라 말라 하는 거야?"

"네? 아니 그게…."

"그건 엄마 아빠가 힘들게 마련한 거야. 우리 노후 대책이 될 수도 있고. 그러니 너희가 그걸 가지고 왈가왈부할 수 없어. 부모로서 너희들에게 해 줄 수 있는 건 할 수 있는 만큼 교육을 시켜 주는 것, 너희들이 꿈을 이룰 때까지 응원해 주고 도울 수 있는 만큼 돕는 거야. 유산으로 남겨 줄 것도 없지만, 설사 있다고 해도 그건 엄마 아빠가 결정할 몫이지 니들이 나설 문제가 아니야. 무슨 권리로 내 거다 하는 거야?"

"…."

아빠의 말에 세진이와 주미 모두 함구무언이 되었다. 영희 역시 남편의 생각과 같았다. 얼마 전에 어떤 학부모가 말하기를, 자신의 아들이 나중에 유산으로 얼마 물려줄 거냐고 묻기에 너무 당황스러웠다고 했던 이야기가 남의 이야기가 아니었다. 요즘 아이들이 영악한 건지 아직도 철이 덜 든 건지 모를 일이었지만 어쨌든 그날 아침의 가족 산책은 빌라 문제로 인해 거의 묵언수행이 되었다.

유산, 참 어려운 문제다. 물려줄 것이 있는 사람도 걱정, 없는 사람도 걱정인 것이 유산이다. 많이 물려줄 것이 있는 이들은 재산으로 자식들이 싸울까 염려하고 물려줄 것이 없는 이들은 아무것도 해준 게 없어 미안해한다.

한마디 보태자면 그 유명한 말, "고기를 낚아 주지 말고 고기 잡는 법을 가르쳐 주라."고 하고 싶다. 경제 문제에 대해서는 더더욱 고기 잡는 법이 필요하다.

부의 대물림은 아주 특별한 경우에만 해당될 뿐 평범한 가정에서는 거의 불가능하다. 그러나 교육의 대물림은 가능하다. 교육만 제대로 한다면 부를 만들고 그 부를 지켜갈 수 있다.

록펠러는 부자의 대명사다. 록펠러는 날 때부터 부자가 아니었다. 다만 부자가 되기 위한 교육을 받았고 그 결과 엄청난 재산을 모아 그 재산을 지키고 나눌 수 있었다. 록펠러 가문은 자녀들에게 용돈을 통해 경제 교육을 철저히 했다. 다음의 내용을 무척 강조했다고 한다.

① 용돈을 벌기 위해 일을 해야 한다.
② 용돈의 일부는 자선단체에 기부하라.
③ 용돈의 일부는 반드시 저금하라.
④ 용돈을 어디에 썼는지 정확하게 알고 있어야 한다.

본인은 물론 자녀와 손자에 이르기까지 용돈의 소중함을 교육했던 록펠러는 돈의 쓰임을 세 부분으로 나누어 1/3은 저축, 1/3은 자선, 1/3은 자신을 위해 쓰도록 하는 등 철저히 돈을 관리하게 했다.

이 안에 아이들에게 필요한 경제 교육이 거의 전부 들어 있다고 해도 무방하다. 돈을 벌려면 일을 해야 한다는 원칙, 어떻게 돈을 저축하고 써야 하는지에 대한 철저한 교육을 하고 있다. 또한, 가정경제의 누수 자금이 생기는 원인, 돈이 어디에 쓰였는지 제대로 알지 못했을 때 일어나는 부작용을 차단하는 교육을 하고 있다.

자녀의 경제 교육은 가정에서 시작된다. 아이들이 최초로 만나는 사회가 가정이고 최초의 교육이 이뤄지는 곳 역시 가정이기에 경제 마인드 역시 가정에서 키워 줘야 한다. 제일 쉽게 경제를 가르칠 수 있는 방법이 용돈을 통한 교육이다.

세런 M 매그너스가 쓴 《부자에겐 특별한 법칙이 있다》(이다 미디어)를 보면 자녀들을 위한 돈 관리법이 나온다. 특히 그는 아이들이 인격적으로 성장할 일곱 살 무렵부터 돈의 개념을 알려 주라고 한다. 일곱 살 정도가 되면 경제 개념이 자리 잡기 시작하는 시기, 돈을 주고 물건을 사면서 돈의 개념을 알 수 있는 나이라고 한다.

자녀에게 경제 마인드를 심어 주기 위해서 용돈을 통한 4단계 교육을 추천한다.

1단계, 용돈을 줄 때는 확실한 원칙이 있어야 한다.

어린아이들의 경우 인센티브 개념으로 용돈을 주는 것이 좋다. 인센티브, 즉 어떤 특별한 성과를 거두었을 때 지급되는 보너스 개념이다. 자녀들은 용돈을 받으면서 일에 대한 성취감과 함께 돈의 중요성과 가치를 깨닫는다. 특별한 집안일을 할 경우 용돈을 지급한다. 예를 들어 이불 빨래를 돕는다거나 키우고 있는 화초나 동물을 특별히 보살피는 일에 대해 보상을 해 준다. 특별히 시간을 내어 부모를 도와주었다거나 형제를 돕는 일 등에 용돈을 주면, 자녀들은 보상과 감사를 함께 얻는다.

이런 용돈 교육은 자녀가 어느 정도 큰 시기에도 적용한다. 교통비나 식사비 등의 고정적으로 들어가는 비용은 주고 그 외의 용돈은 다른 특별한 일을 통해 받도록 한다. 이때 돈은 일을 통해 벌게 된다는 인식을 확실하게 하게 된다.

2단계, 돈을 어떻게 써야 하는지 가르친다.

최근 자녀들의 과소비가 심각하다는 통계가 있다. 신용회복위원회가 조사한 청소년 소비 행동에 관한 보고서에 따르면 우리나라 청소년의 80%가 연예인이나 친구들을 따라 소비하는 모방 소비에 노출되어 있고, 72.1%가 용돈을 초과해서 사용하는 과소비 성향을 띄며, 60.9%는 갖고 싶은 것이 있으면 일단 사고 본다는 충동구매 욕구를 지니고 있다고 한다. 한마디로 소비에 대한 절제가 안 되고 있다는 말이다.

자녀들에게 소비를 가르치는 좋은 교육 방법은 용돈 기입장을 쓰게 하는 것이다. 용돈 기입장은 요즘 스마트폰 앱으로 다운받을 수도 있고, 각종 어린이 경제 교육 사이트 등에 들어가 양식을 다운받을 수도 있다. 또한 부모와 함께 직접 자기에게 맞게 양식을 만들 수도 있다. 스마트폰을 이용하기보다는 조금 불편해도 직접 써 보는 것을 권한다. 쓰는 습관은 한눈에 돈의 흐름을 파악할 수 있다는 장점도 있다.

매일 또는 일주일 단위로 용돈 기입장을 쓰고 정리하다 보면 자신의 경제 상태를 알게 된다. 반성할 점, 기특한 점 등을 스스로 발견하게 된다. 잉여 자금이 있다면 기쁠 것이고, 계획 없이 쓰다가 용돈이 바닥나면 돈 한 푼이 아쉬운 것을 경험할 것이다.

철학자 쇼펜하우어는 짠돌이로 유명했다고 한다. 그는 매일 밤 1원 단위로 가계부를 썼다고 한다. 사람들이 그 이유를 물었을 때 이렇게 답했다.

"나는 내가 돈 버는 재능이 전혀 없다는 것을 잘 알고 있습니다. 그러니 돈을 아껴 쓰는 법을 터득해야지요."

자녀들에게 돈을 제대로 쓰는 방법, 아껴 쓰는 것이 얼마나 중요한지 가르치기 위해 적는 습관은 필요하다.

■ 아들 세진이의 12월 용돈 기입장(단위: 원)

날짜	내용	수입			지출			잔액	비고
		용돈	알바비	기타	저축	기부	소비		
12. 1	남은 돈			3,000				3,000	
	용돈	50,000						53,000	
12. 3	할머니용돈			20,000				73,000	
12. 4	저축				20,000			53,000	
12. 8	헌금					1,000		52,000	
12. 9	떡볶이						3,000	49,000	
	학용품						5,000	44,000	
12. 11	교통비						1,500	42,500	
	군것질						5,000	37,500	
12. 15	헌금					1,000		36,500	
	재활용		2,000					38,500	
	합계	50,000	2,000	23,000	20,000	5,000	38,000		
	잔액	수입(75,000) - 지출(63,000) = 12,000(남은 돈)						12,000	

반성
12월엔 유난히 군것질로 인한 소비가 많았다. 할머니께서 주신 용돈이 아니었더라면 모자랄 뻔했다. 헌금 등의 기부는 5,000원, 저축 20,000원, 소비가 63,000원, 비율로 따지면 1:4:13 정도가 된다. 다음부터는 기부 금액과 저축을 조금 더 늘려 비율이 너무 차이가 나지 않도록 해야겠다.

3단계, 용돈의 재투자를 가르친다.

용돈을 운용하는 법을 교육하는 것이다. 저축과 투자에 재미를 붙이게 하려면 저축액이 늘어나는 재미를 맛보도록 해 주어야 한다. 이를 위해 복리의 기적을 가르치면 효과적이다.

위대한 과학자 아인슈타인도 "내가 아는 가장 불가사의한 현상은 복리의 기적이다."라고 말했다고 한다. 그 정도로 복리가 주는 영향력은 엄청나다. 일찍이 인디언들은 1626년, 네덜란드 상인에게서 24달러짜리 구슬 따위를 받고 섬을 팔았다고 나온다. 지금 생각할 때는 그렇게 값싼 가격으로 섬을 팔았다는 사실에 안타까워 하지만 만약 인디언들이 그 당시 섬을 판 돈을 복리 상품에 투자했을 때 얼마나 이익을 벌어들였을지 따져 보면 그 이익은 상당하다.

미국의 유명한 펀드매니저인 피터 린치는 인디언이 받은 구슬을 현금 24달러로 바꾸어 연 금리 8% 채권에 복리로 투자했을 경우의 수익률을 따져 보았다. 처음 24달러(한화 2만 4,000원)의 금액을 360년간 복리로 투자하면 그 가치는 무려 32조(한화 3만 2,000조) 달러에 이른다. 상상도 잘 되지 않는 큰 금액이다.

자녀들에게 저축 습관과 함께 복리의 기적을 가르치는 것, 그것은 저절로 돈이 모이는 것을 가르치는 것과도 같다. 복리를 가르칠 때는 간단한 표를 만들어 돈이 얼마나 어떻게 불어나는지 직접 확인할 수 있도록 하는 것이 좋다.

예를 들어 100만 원을 단리와 복리로 연 10% 투자 상품에 넣었다고 할 때 이자는 이렇게 달라진다. 기간이 길수록 복리의 기적을 설명할 수 있다.

■ 100만 원 투자 시 복리와 단리의 수익 비교(연간 이자 10% 가정)

기간	복리	단리
1년	100만 원 + 100만 원×0.1 = 1,100,000원	100만 원 + 10만 원 = 1,100,000원
2년	110만 원 + 110만 원×0.1 = 1,210,000원	110만 원 + 10만 원 = 1,200,000원
3년	121만 원 + 12만 1,000원 = 1,331,000원	120만 원 + 10만 원 = 1,300,000원
4년	133만 1,000원 + 13만 3,100원 = 1,464,100원	130만 원 + 10만 원 = 1,400,000원
5년	146만 4,100원 + 14만 6,410원 = 1,610,510원	140만 원 + 10만 원 = 1,500,000원
10년	2,593,742원	190만 원 + 10만 원 = 2,000,000원
20년	6,727,499원	290만 원 + 10만 원 = 3,000,000원

(복리 쉽게 계산하기: 원금×$(1+0.1)^n$ (0.1; 이자율 10%, n: 기간)
=> 100만 원 투자, 이율 10% 10년 뒤 : $100×1.1 × 1.1×1.1× \cdots$ (10번) = 2,593,742

20년 뒤의 금액으로 볼 때 단리와 복리의 차이가 2배 이상 나는 것을 알 수 있다. 이 경우 일정 금액을 고스란히 투자한 경우에 해당하지만, 만약 다달이 돈을 투자하여 투자 원금이 커지는 방식일 경우 그만큼 원금이 올라가므로 이자율도 더 높아지기에 복리의 기적을 더 크게 체험할 수 있다.

복리를 가르치는 외에 수입을 어떻게 관리해야 하는지도 가르쳐야 한다. 세뱃돈을 받거나, 상급 학교 진학과 졸업, 특별한 일을 경험할 때 용돈을 받는 경우가 많다. 그 돈은 어른 세계에서 말하는 목돈이된다. 목돈이 생겼을 때 부모는 자녀에게 '돈을 맡아 준다.' '돈을 불려 준다.'는 등의 감언이설로 돈을 가져오기보다 자녀가 직접 운용할 수 있도록 도와야 한다.

아이와 함께 증권사로 찾아가 CMA통장을 개설한 뒤 정기적으로 이자가 늘어나는 것을 확인하도록 한다. 이때 우편으로 자산운용보고서가 오도록 하고 잔고 내역과 일정 기간 수익률(이자)을 확인하는 법을 가르쳐 준다.

세뱃돈과 같은 부수적인 수입은 따로 한 통장에 모아 두되 커다란 목표, 예를 들어 스마트폰이나 태블릿 PC 등 필요한 것을 구입하는 등의 목표를 세우게 한다. 그러면 불필요한 소비를 줄일 수 있다. 이때 복리의 효과, 늘어나는 돈의 흐름을 보여 주기 위해 원금보장형 ELS나 장기 비과세 어린이 펀드 등 금융 투자 상품을 선택한다.

어떤 통계에 의하면 자녀들이 부수적인 수입만 모아 효율적으로 운용하면 20세가 되는 해에 작은 차 한 대는 뽑을 수 있다고 한다. 굉장하지 않은가?

4단계, 자녀들이 꿈을 향해 가도록 한다.

경제 교육은 무조건 돈을 모으고 잘 쓰는 데에만 있지 않다. 꿈을 이루기 위해, 또는 꿈을 통해 돈이 사용되도록 하는 데 본래 목적이 있다. 캐나다의 어떤 아이는 물이 부족하여 고통당하는 아프리카 사람들의 영상을 본 후 아프리카에 우물을 파 주겠다는 꿈이 생겼다. 그 아이는 그 꿈을 이루기 위해 돈을 모으기 시작했고, 학교에서 친구들과 함께 모금 운동을 시작했다. 결국, 이렇게 모은 돈으로 우물 파 주는 일을 할 수 있었다.

이처럼 돈은 원하는 일, 가치 있는 일을 하는 수단이 되어야 한다.

자녀들로 하여금 꿈을 향해 나아가도록 응원해 주고, 그 일을 돕는
수단으로 돈이 사용될 수 있도록 가르쳐 주어야 한다.

다음은 우리 아이들의 경제 개념을 잡아 주는 책들이다. 부모가 함
께 읽으면 더 좋을 것이다.

• 초등학교 저학년을 위한 책

《돈으로 배우는 어린이 경제: 내 돈이 어디로 갔지?》케빈 실베스터, 미첼린카 저,
아이세움 출판
《만화와 동화로 배우는 어린이 경제 스쿨》김상규 글, 아이벗 그림, 매일경제신문사
《어린이를 위한 경제의 힘》이아연 글 최지영 그림, 참돌어린이
《펠릭스는 돈을 사랑해》니콜라우스 피퍼 저, 비룡소

• 초등학교 고학년을 위한 책

《10원으로 배우는 경제 이야기》나탈리 토르지망 저, 영교출판
《돈과 숫자로 배우는 A⁺ 경제 교과서》이영직 저, 스마트 주니어
《딱 한 시간 만에 깨치는 어린이 경제 특강》유혜정 저, 박물관
《장바구니는 왜 엄마를 울렸을까?》석혜원 저, 풀빛

• 청소년을 위한 책

《17살 경제학 플러스》한진수 저, 책읽는 수요일
《인생학교 -돈》존 암스트롱 저, 쌤앤파커스
《청소년 부의 미래》엘빈 토플러, 청림출판
《청소년을 위한 경제의 역사》니콜라우스 피퍼, 비룡소

부자들은 어떻게 자녀를 가르칠까?

"혹시 빌 게이츠의 따님 되시지 않나요?"

"아뇨. 아무 관계 없는 사이인데요."

"그래요? 어쩐지…. 맞아요. 게이츠 씨 딸이라면 이렇게 싼 물건을 사지 않겠죠."

이 일화는 빌 게이츠의 딸이 어느 운동용품 전문점에서 경험한 이야기라고 한다. 사람들은 빌 게이츠의 딸 정도 되면 비싼 제품, 고급 제품을 구입할 거라 생각했지만, 실상은 달랐다. 운동용품 전문점 직원이 상상하지 못할 정도로 그의 자녀는 검소했단다.

운동용품 주인이 얼굴을 알아봤지만, 혹시 부자 운운할까 아예 빌 게이츠의 딸이 아니라고 한 것만 봐도 알만하다. 그렇게 검소한 아이가 된 데에는 아버지의 영향이 컸다고 한다.

빌 게이츠는 자녀에 대한 경제 교육이 엄격했다고 한다. 자녀들에게 매주 최소한의 용돈만 주고 나머지는 자녀 스스로 용돈을 모으고 그 한도 안에서 소비하도록 가르쳤다고 한다.

빌 게이츠와 함께 세계적인 부자로 꼽히는 워런 버핏 역시 부모의 돈이 자녀의 돈이 아니라는 원칙을 세우고 자신의 재산을 자선단체에 기부하겠다는 의사를 늘 밝혀 왔다.

자녀들 역시 어린 시절부터 할아버지로부터 경제 교육을 철저히 받은 아버지의 모습을 보았고 아버지를 도와 경제 관련 자료를 정리하며 많은 것을 배웠다고 한다.

외국의 부자들만 훌륭한 자녀 경제 교육을 실천한 것이 아니다. 우리나라에서 300년 넘게 부를 이어온 경주 최씨 가문의 경제 교육관도 무척 이색적이다. 최씨 가문은 10대에 걸쳐 부자란 말을 들어왔다. 그들이 부를 이어 올 수 있었던 것은 독특한 경제 철학이 있었기 때문이다. 그들은 검소한 생활을 한 것으로 유명했다.

이 가문의 며느리가 되면 무조건 3년간 비단옷이 아닌 무명옷을 입고 지내며 검소한 모습을 보여야 했다. 특히 자녀들에게는 경제 관리 능력보다 사람을 소중히 여기는 정신을 더욱 강조했다. 단순한 행동을 알려 주는 것이 아닌 도덕 교육을 먼저 시켰기 때문에 자녀들은 부를 관리할 능력을 자연스럽게 습득할 수 있었다고 한다. 예를 들어 '부를 유지하기 위해 최소한의 지위를 지킨다.' '함께 일하고 일한 만큼 가져간다.' '사회적 책임을 저버리지 않고 받은 만큼 사회에 환원한다.' 등 부에 대한 가치를 사회 및 사람과 함께 나누는 경제 교육을 철저히 해서 300년 넘게 가문의 부를 이어갈 수 있었다.

부자들은 자녀들에게 부의 진정한 의미를 생각하게 하고 부를 어떻게 운용해 나가야 하는지를 먼저 교육했던 것이다.

꿈을 향한 행진곡

"애들아, 오늘 뭐 먹고 싶니? 아빠가 퇴근하면서 사 가지고 갈게. 치킨? 피자? 뭘 원해?"

"아빠. 다요~ 다 먹고 싶어요~~."

아이들의 목소리가 완전 흥분 지경이었다. 영희는 통화하는 내용만 듣고 남편이 보너스를 탔다는 것을 알았다.

1시간 뒤 남편은 양손 가득 먹을 것을 사 들고 들어왔다. 허허거리며 웃는 걸 보니 좋은 일이 생긴 게 분명했다. 두 아이는 어느새 닭다리를 뜯고 있었다.

"어쩐 일이야? 좋은 일 있구나?"

"말해 줄까 말까? 아~ 입 간지러워서 안 되겠다. 오늘 인센티브가 나왔거든."

"오호! 진짜? 웬 인센티브? 이게 웬일이래? 당신 수고했어."

"흠흠… 남편 잘 둔 줄 알아. 근데 여보. 200만 원이나 되는데 이 돈으로 뭐할까?"

"뭐하긴? 저축해야지."

"저축? 그래 저축! 근데 여보, 그동안 열심히 허리띠 졸라매고 살았는데 우리한테 선물 좀 주자. 응? 우리 가족 여행이라면 껌뻑하잖아. 애들 겨울방학도 했고 조금 있으면 힘찬이가 나올 텐데 기념으로 여행 어때?"

그 말을 들으니 남편 말에도 일리가 있었다. 아직 가정경제가 눈에 띄는 효과를 본 건 아니지만 모두 노력하는 중이고 좋아지기도 했다. 게다가 생각지도 않은 돈이 생겼으니 얼마간 선물을 줘도 좋을 것 같았다.

"좋아. 그럼 우리 100만 원은 저축하고 나머지로는 진짜 뜻깊은 여행하자."

"좋아, 좋아."

그날 밤 이 부부는 기분 좋은 고민에 빠졌다. 그동안의 노력을 보상하는 보너스란 생각에 그저 그런 여행은 하고 싶지 않았다.

다음 날 아침, 교회 목사님에게 전화가 걸려 왔다. 청년국 주최로 지방의 작은 섬으로 선교 활동을 떠나는데 그 포스터 디자인을 좀 봐 달라는 내용이었다. 파일을 받아 보완할 부분을 수정하고 있는데 '아, 이거다.' 싶었다. 선교 활동은 젊어서부터 해 보고 싶었는데 다행히 국내 여행이라면 임신 중이라도 가능할 것 같았고 가족에게 더 유익할 거란 생각이 들었다.

"목사님, 이번 선교에 우리 가족도 갈 수 있을까요?"

"그럼요. 마침 도서 지역 교육 프로그램에 교육을 담당할 인력이 부족해서 기도 중이었습니다. 집사님은 몸이 무거우시니까 미술 파트 맡아 주시면 되겠네요. 대신 이 집사님이랑 주미 세진이가 봉사 열심히 하면 되죠."

"걔들 아마 잘할 거예요. 주미는 춤이랑 노래 가르치면 될 거고, 세진이는 뭐가 좋을지 한번 의논해 볼게요."

"이 집사님은 힘쓰는 거 도와주시면 되겠네요. 하하. 정말 잘됐습니다. 가족 모두에게 큰 도전과 경험이 될 겁니다."

그렇게 영희 가족은 섬으로 선교 활동을 떠났다. 남쪽 도서 지역의 상황은 생각보다 열악했다. 아직도 문화 혜택을 받지 못하는 것은 물론 한부모 가정에서 자라는 아이들도 있었다. 식수도 부족했고 살고 있는 주택도 너무 노후했다. 학교에 다니려면 배를 타고 나가야 하는 터라 공부하는 것에 흥미를 잃고 섬에서 노는 아이들도 있었다. 이런 모습들을 보면서 영희 가족은 마음이 많이 아팠다.

함께 간 선교팀은 동네에 흩어진 아이들을 불러와 동네 학교 프로그램을 진행하고 제대로 끼니를 챙기지 못한 아이들을 위해 맛있는 식사를 만들어 주었다.

영희는 청년들과 함께 아이들에게 그림을 가르쳤다. 곁에서 보조 역할을 하던 주미와 세진이도 맡은 역할을 톡톡히 했다. 주미는 동요에 춤을 추가해 재미있는 율동과 노래를 가르쳤다. 세진이는 간단한 과학 실험을 보여 주며 흥미를 이끌었다.

남편 정도는 다른 청년들과 함께 마을에 식수 공사와 집을 보수하는 일을 도왔다. 후원금이 넉넉하지 못해 식수 공사를 한 군데밖에 못했지만 동네 사람들은 몹시 좋아했다.

세진이는 그새 섬에 사는 소미라는 아이와 친해졌다. 어려서 다리를 다친 소미는 부모에게 버림받고 할머니랑 살고 있었다. 가난해서 치료의 기회조차 얻지 못해 한쪽 다리를 잃고 생활하고 있었다. 세진이는 유독 그 소녀를 챙겨 주며 친하게 지냈다. 주미는 어느새 꼬마 아이들과 친해져 아이들에게 영어 노래를 가르치며 대장 노릇을 했다.

어느덧 일주일간의 선교 일정을 마치고 집으로 돌아갈 시간이 되었다. 그동안 짧은 추억을 맛본 아이들은 무척 아쉬워했다. 동네 사람들 역시 많이 아쉬워했다.

"안녕히 계세요. 다음에 또 올게요."

"소미야, 건강하게 잘 있어. 내가 꼭 로봇 다리 만들어 줄게."

세진이는 소미와 악수를 나누며 굳은 결심을 전했고 정이 많은 주미는 결국 울음을 터뜨리며 아이들과 인사를 나누었다. 영희네 가족과 청년부원들 모두 배에 올랐다. 이별의 여운이 컸는지, 한동안 말이 없었다. 말은 하지 않았지만 많은 변화와 도전이 가슴속에서 꿈틀거리고 있다는 사실을 알 수 있었다.

며칠 뒤 세진이는 단단히 결심한 듯 이런 이야기를 꺼냈다.

"저는 의료 쪽 과학 기술을 공부하고 싶어요. 그래서 소미같이 도움이 필요한 친구들을 위해 로봇 의족을 만들어 줄래요. 돈도 많이 모으고 싶어요. 그래서 공부하고 싶어도 하지 못하는 아이들이 교육도 받게 하고 건강하게 살게 해 주는 데 도움이 되려고요."

한창 가수가 되기 위해 학원에 다니는 주미도 변했다. 좋은 노래를 불러 꿈을 이루지 못한 아이들에게 희망을 주면서 자신이 번 돈으로 세계 빈민가에 가수 학교를 세우고 싶단다.

아이들의 변화만이 아니었다. 도서 지역 선교를 떠날 때 가장 미지근한 반응을 보였던 남편도 새로운 꿈을 갖게 되었다며 수줍은 고백을 했다.

"여보, 내가 원래 손재주 있단 소리를 들었잖아. 그런데 이번에 집 수리 하는 일을 하다 보니 목수 일이 적성에 맞고 재미도 있고 보람도 있더라고. 이제부터라도 제대로 목수 일을 배우면 은퇴 후에 새로운 직업으로 삼을 수 있지 않을까? 돈도 벌고 봉사도 하면서, 그리고 당신은 벽에 그림도 그려 주고 디자인도 도와주면 최고의 파트너가 되는 거잖아. 안 그래?"

"그래. 그렇겠다. 그거 좋겠네. 그럼 우리의 제2의 인생 계획이 세워진 거네?"

이듬해 온 가족이 모였다. 이제 한 명이 더 늘어 다섯 식구가 되었다. 엄마 뱃속에서 힘찬이라고 불렸던 막내의 이름은 이세돌, 세돌이가 세상에 나오고 며칠이 지난 어느 날, 다섯 가족은 한자리에 모여 한 해 재무 계획을 함께 세웠다. 마이너스투성이던 포트폴리오는 어느새 플러스로 바뀌었고 저축도 조금 더 할 수 있게 되었으니 출발이 좋았다. 재무 계획과 더불어 각자 꿈을 발표하는 시간이 되었다. 다들 비장한 각오로 써 놓은 것을 읽어 내려갔다. 꿈을 향한 가족들의 행진이 시작된 것이다.

이정도 마영희 부부의 꿈

이정도 마영희는 가족의 행복을 위해 계속 노력할 것이다. 은퇴 전까지 퇴직 연금과 노후 자금을 2억 이상 마련하고 자녀의 교육 자금과 독립 자금의 효율적인 운영을 이어갈 것이다. 은퇴 후에는 원래부터 하고 싶던 봉사를 계속하되 이정도는 목수로 마영희는 디자이너로 집 짓는 제2의 삶을 살 것이다.

은퇴 후에는 제2의 직업을 통해 생기는 수입으로 생활할 것이다. 연금은 60세가 되는 해까지 장기 투자를 통해 운용해 나갈 것이며 그것을 통한 수익은 무조건 봉사 활동(해비타트 운동, 우물 파주기 사업)에 사용할 것이다.

세진이의 꿈

나 이세진은 의료 부문의 과학자가 되어 이 세상에서 고통받는 이들에게 도움을 줄 것이다. 그러기 위해서는 공부에 집중하고 좋은 연구를 할 것이며 취업 후 벌어들인 수입의 10%는 의료 과학의 도움이 필요한 곳을 위해 쓸 것이다. 특히 그 돈으로 로봇 다리를 개발하여 의족이 필요한 이들이 자유롭게 걸을 수 있도록 해 주고 싶다. 또한, 용돈의 20%를 매달 저축한다. 그 돈을 모아 도움이 필요한 국내와 해외의 가난한 아이들을 후원할 것이다.

주미의 꿈

나 이주미는 가창력으로 이름 난 가수가 되어 많은 어린이들에게 희망을 줄 것이다. 하루 2시간 이상 연습해 내년에는 오디션 프로그램에 나가서 탑 10 안에 들 것이다. 가수가 되면 전 세계를 다니면서 가난하고 꿈 없는 아이들을 위한 공연을 무료로 할 것이다. 가수가 되고 싶은 아이들을 위해 노래 학교를 세울 것이다.